AF619756

LES FLEURS

DE

SAINTE GERMAINE

LES FLEURS

DE

SAINTE GERMAINE

PAR

Le R. P. AT

Prêtre du Sacré-Cœur.

Le Seigneur m'a choisie tandis que je marchais derrière mon troupeau.

(AMOS. VII, 15.)

TOULOUSE

IMPRIMERIE ET LIBRAIRIE A. LOUBENS ET A. TRINCHANT

Rue d'Aubuisson, 27, et rue Riquet, 23.

1896

Ces *Fleurs* sont les gestes de sainte Germaine et les gestes de Dieu : vertus et miracles qui s'entrelacent et retombent en guirlandes autour de l'humble Bergère. Elles ont poussé l'une après l'autre, en diverses saisons, sans se connaître et sans se le dire. Aujourd'hui elles se groupent dans ce modeste recueil, qui leur servira de corbeille. Malgré la bienveillance dont elles ont été l'objet, on se serait contenté de la publicité périodique qu'elles ont très aimablement obtenue, et qui égalait tout juste leur ambition. Si on les tire du sol où elles s'épanouirent, c'est à la demande des âmes pieuses, des membres du clergé en particulier. Il est doux de céder à de si flatteuses sommations.

Un second motif explique cette détermination.

A côté des *Fleurs* connues de nos lecteurs, d'autres sont nées qui croissaient plus péniblement, sans doute parce que nous étions en automne, et pour lesquelles la discrétion nous commandait de chercher un autre fond. Ces *Fleurs* nouvelles, sans épuiser le sujet intéressant auquel elles se rapportent, le complètent par des aperçus dont les éléments sont partout, et dont l'ensemble n'est nulle part.

C'est sainte Germaine elle-même qui les offre à ses amis, leur communiquant ainsi un charme qui cachera leurs imperfections. Quand, après quarante ans de sépulture, on éleva de terre son corps virginal, on trouva dans ses mains, mêlés à des épis de blé, des bluets qui avaient conservé toute leur fraîcheur. Ici on ne trouvera dans ses mains, consacrées par les décrets de l'Église et les baisers des pèlerins, que des bluettes. Puissent-elles lui valoir l'offrande des riches et l'obole des pauvres pour l'œuvre de sa Basilique. C'est le refrain que chacune de ces *Fleurs*, en passant, chantera à son tour.

Pibrac, en la fête de l'Immaculée-Conception, 1895.

Les trois Bergères.

> Dieu a choisi la faiblesse en ce monde pour confondre la force.
>
> (I Cor., c. 1, v. 27.)

La France se glorifie de trois princesses — elle pourrait en nommer d'autres encore — sainte Clotilde, sainte Isabelle, sainte Jeanne de Valois. Sainte Clotilde, la fille du roi des Burgondes, vint à Paris sur un char attelé de bœufs dont les cornes étaient couronnées de fleurs, pour s'unir à Clovis, le premier roi des Francs, vaillant dans les combats, arien encore, mais prédestiné a fonder la nation très chrétienne, qui sera le soldat de Dieu, et écrira ses gestes à la pointe de son épée. Clotilde lui donna sa foi avec son amour; et en le conduisant à Reims, elle baptisa, par la main de Rémy, le monarque et la monarchie. Peu de jours nous séparent de cet anniversaire quatorze fois séculaire. Dieu de Clotilde, donne-nous la victoire sur tous nos ennemis, et rends-nous la France de Clovis.

Sainte Isabelle, sœur de saint Louis, le héros des croisades, et le sage législateur de notre pays, est une douce figure qui brille à côté du trône, qui repousse la main des empereurs et va se cacher à Lonchamps, dans le silence et la pénitence, reine de la solitude, un ornement du treizième siècle, et la gloire pure de sa race bénie de Dieu aussi longtemps quelle le mérita.

Sainte Jeanne de Valois est la victime de la passion et de la politique; dédaignée de son royal époux, bannie du trône, et heureuse de gouverner à Bourges un monastère dont elle est la mère, à la place d'un royaume dont elle était la reine. Ces têtes nimbées de grâce, de gloire et de pureté, se profilent au firmament de notre histoire, et nous inspirent un légitime orgueil.

Mais la France a ses bergères, saintes aussi à des degrés divers, qu'elle place à côté des princesses, et entre lesquelles son cœur se balance avec un égal amour. Geneviève de Nanterre, Jeanne d'Arc la lorraine, Germaine de Pibrac, forment un groupe ravissant, plus beau que celui des trois Grâces. Elles se donnent la main à travers les siècles, et sont comme une chaîne vivante, qui va du berceau de notre civilisation jusqu'à l'époque de son plein épanouissement, de la terre où elles souffrirent jusqu'au ciel où elles règnent. Séparées par le temps, séparées par l'espace, elles ne savaient pas qu'elles étaient sœurs; maintenant qu'elles sont dans la gloire, elles se sont rencontrées; et en s'embrassant, elles ont dit : Qui nous séparera ?

Geneviève est l'aînée; elle naquit sur les bords de la Seine, quand Lutèce n'avait pas encore un nom, et que les ronces de la barbarie se mêlaient à la culture gallo-romaine. Jeanne d'Arc, la bonne Lorraine, vit le jour sous le chaume, à Domremy, obscur village près de la Meuse, le fleuve des invasions et des batailles. Germaine, la dernière venue, est une fleur de la Garonne, qui court des Pyrénées au golfe de Gascogne, fière d'arroser un pays légendaire.

Que d'analogies entre elles, malgré les différences de temps et de lieux qui les distinguent! Toutes les trois sont bergères : elles ont gardé les moutons, assises dans les prairies, la houlette d'une main, la quenouille dans l'autre. Toutes les trois sont vierges : elles font partie de cette procession d'âmes pures, qui ont des ailes, et qui volent comme des colombes au dessus des fanges de la vie, laissant derrière elles un souvenir qui chasse la corruption, et devient un idéal même pour ceux qui ne sauraient s'élever à cette hauteur. Toutes les trois sont saintes à des degrés inégaux : Geneviève et Germaine, arrivées les premières, tendent la main à leur plus jeune sœur, impatientes de partager avec elle le culte que l'Église leur rend sur la terre, comme elles partagent déjà les joies enivrantes du paradis.

Les destinées des trois Bergères ne sont pas sans quelques similitudes.

Au cinquième siècle, Geneviève devint le sauveur de sa patrie. Attila, à la tête de ses hordes, a franchi le Rhin et la Marne, et s'avance à grandes journées vers Paris. Déjà le peuple épouvanté songe à quitter la ville. Nouvelle Judith, Geneviève les rassure, leur prédit que le Fléau de Dieu passera loin de leurs murailles; l'événement vérifia la prophétie.

Au quinzième siècle, quand la France est aux Anglais jusqu'à la Loire, quand le roi de Bourges chasse avec ses courtisans, semblant se désintéresser des destinées de la patrie foulée aux pieds de l'étranger, Jeanne d'Arc, inspirée de Dieu, ayant entendu les voix des Saintes, entreprend le salut de son pays: à l'admiration des guerriers, elle enchaîne la victoire à ses pas, et délivre la France de la tyrannie honteuse qui pesait sur elle.

Notre Germaine a un rôle plus modeste. Obscure pendant sa vie, courant sur les lisières des forêts, elle ne remplit pas de mission sociale, elle n'exerce en apparence aucune action sur les événements de son siècle. Mais après sa mort elle se lève, comme une étoile qui éclaire nos horizons: avec ses miracles elle mérite d'être rangée à côté de ses sœurs dont la destinée est plus brillante.

Quand Paris fut assiégé par les Francs, les

habitants, réduits à la dernière extrémité, ne pouvaient pas soutenir plus longtemps l'effort de la défense. Geneviève se jeta sur sa barque, et remontant la Seine jusqu'à Troyes, elle rapporta du blé en abondance, qui permit de ravitailler la place; en prolongeant la résistance, elle aida ses concitoyens à ouvrir les portes de la ville avec honneur.

Germaine faisait mieux avec moins de bruit. A Bourges, les orphelines du Bon-Pasteur mouraient de faim. Elle intervint du haut du ciel; et au lieu d'aller chercher le grain ou la farine à Nantes ou à Tours, elle les multipliait dans les greniers, quand elle ne multipliait pas dans le pétrin le pain prêt à être mis au four.

Jeanne d'Arc est la vierge des combats : à cheval à la tête des armées, elle livre des batailles, elle donne l'assaut aux places fortes : elle paraît pour bouter dehors l'insolent étranger.

Germaine tient une houlette et non pas une épée. Elle assiste cependant à une lutte ardente entre des antagonismes irréconciliables en apparence, ceux des intérêts divers, et un autre plus profond, celui de l'Église et de la Révolution aux prises depuis cent ans. Sans doute que Dieu l'a suscitée dans la seconde moitié de notre siècle orageux, pour calmer les colères, pour verser la consolation sur nos épreuves, et bouter dehors par ses prières ceux qui attisent les haines à leur profit, pour le malheur de la patrie française.

Jeanne d'Arc victorieuse devait expier par le martyre la gloire qu'elle avait conquise sur les champs de bataille. Livrée aux Anglais par des traîtres, condamnée par des juges iniques, la vierge guerrière monta sur le bûcher de Rouen; et tandis que les flammes l'enveloppaient, déjà suffoquée par la fumée, elle répétait encore : « Jésus, Marie; » pardonnant à ses bourreaux, et priant pour la France qu'elle avait aimée plus qu'elle même.

Germaine eut son martyre aussi : elle connut la noire calomnie et les morsures de l'opinion. La fièvre la consuma lentement comme un holocauste : son lit de sarments fut son bûcher; elle mourut sans autres témoins que les anges; et en montant au ciel, elle laissa tomber ses prières sur ses persécuteurs.

Les trois Bergères devaient être glorifiées dès cette terre. Geneviève eut pour berceau de son culte une modeste chapelle bâtie sur les flancs du Mont-Valérien. Mais Paris, qu'elle avait sauvé autrefois, fut reconnaissant; il porta en triomphe ses sacrés ossements sur la montagne qui garda longtemps son nom, ce nom qui n'est pas encore effacé de la mémoire des générations. Le dix-huitième siècle lui dédia le temple magnifique, dont le dôme hardi domine pieusement la cité. C'est là que la France l'honora aux jours de la liberté. La Révolution lui disputa toujours avec succès ce temple, aujourd'hui profané par les restes des impies et des malfaiteurs de la parole et de la plume. Elle attend la fin de la tempête pour y rentrer en triomphe et y recevoir encore les vœux des Parisiens. Vienne le jour où les cendres scélérates seront jetées au vent : alors la vierge de Nanterre achèvera de le purifier, pour recommencer les destinées de la patrie.

Jeanne d'Arc aura bientôt son temple : il s'apprête dans les âmes pour un avenir prochain. A l'heure qu'il est, Jeanne remplit la France de son nom et de sa popularité. Partout des fêtes, partout des souscriptions; Domrémy taille les pierres de sa basilique; Vaucouleurs travaille à sa grande tour en un lieu rempli de souvenirs héroïques; les villes lui érigent des statues, en attendant de lui ériger des autels. C'est un tourbillon d'enthousiasme qui emporte toutes les classes de la société, et atteint sur leurs chaises curules les législateurs du Luxembourg et du Palais-Bourbon. Ce mouvement d'opinion, auquel nous assistons avec tant de joie, ne nuira pas à celui que nous provoquons nous-mêmes. Jeanne d'Arc et Germaine se prêteront un mutuel appui.

Sainte Germaine est toute palpitante d'actualité. Les quarante années écoulées depuis sa béatification en passant sur sa gloire ne l'ont pas déflorée. Elle a conservé tous ses charmes et toute sa poésie; c'est toujours l'humble bergère, avec sa légende si simple et si touchante; son tablier est encore rempli des fleurs que l'hiver y fit pousser pour récompenser sa charité; le Courbet coule toujours dans le vallon, à l'endroit où les eaux de l'orage se divisèrent pour laisser passer l'amante de Jésus, qui cherchait une messe et une hostie, son pain préféré; c'est l'orpheline repoussée du foyer paternel; c'est la petite malade qui ne reçoit ni un soin ni une caresse; c'est la pastourelle ignorée, qui va pieds nus à travers les broussailles de Bouconne, qui prie au coin des chemins, devant la croix où elle verse ses larmes, où elle prend courage. Cette douce figure, encadrée dans un paysage encore réel et dans des souvenirs toujours pathétiques, ne s'est pas effacée des cœurs, à Toulouse et plus loin. Geneviève, bannie de son temple, a trouvé un asile dans un riche sanctuaire, en attendant qu'on lui rende son bien. Jeanne d'Arc aura le sien tout prêt au lendemain de son apothéose. Il faut bâtir celui de Germaine, à la place de l'humble église où reposent ses ossements. Quand les trois temples seront édifiés, les trois Bergères se feront écho : et leurs prières monteront ensemble vers le Christ qui aime la France, pour l'Église et pour la patrie.

Sainte Germaine au pied de la Crèche.

L'Ange dit aux Pasteurs : Vous trouverez un enfant enveloppé de langes et couché dans une crèche.

(Luc. II, 12.)

Les saints vivent de la vie liturgique, qui est la vie de l'Église, parce qu'ils vivent de Jésus-Christ, dont l'Église est le développement dans les siècles. Ils se nourrissent des divins mystères, dont l'Esprit-Saint leur donne l'intelligence et l'amour, comme les âmes communes se plongent avec ivresse dans les fêtes du monde. Les saints ressentent les allégresses, les douleurs et les triomphes de Jésus-Christ avec une exquise sensibilité, dont leur histoire garde les témoignages authentiques, souvent miraculeux. Ce sont des harpes qui vibrent harmonieusement, quand le vent de l'éternité passe sur elles. Sainte Germaine était douée de cette faculté surnaturelle : le doux mystère de la crèche avait pour elle des attraits particuliers.

Noël est une pastorale d'un charme inexprimable. Dans sa simplicité, le récit évangélique surpasse toutes les descriptions de Théocrite et de Virgile. Autour du berceau de l'Enfant-Dieu, les anges et les pâtres, ces deux extrémités des choses, se rencontrent dans une touchante familiarité; avec eux, le ciel et la terre s'embrassent. Cette scène se passe pendant le silence solennel de la nuit, sous le ciel d'Orient, aux tièdes haleines et plein d'étoiles, que des clartés surnaturelles sillonnent, que des chants mystérieux font vibrer.

Notre imagination mêle sainte Germaine à ce drame sans effort : n'est-elle pas la sœur des anges et la fille des pâtres? A Pibrac, la reconstitution du paysage est moins facile. Au solstice d'hiver, sous notre climat brumeux d'Occident, la veillée des bergers sur les lisières de Bouconne, ou dans les prairies du Courbet, manque de couleur locale. Alors l'herbe est courte, le givre pend aux branches des arbres, qui de loin ressemblent à des fantômes; les troupeaux dorment à l'étable, tandis que les bergers se serrent autour de la large cheminée des métairies. A cela près, on devine les sentiments que Noël développait dans le cœur de sainte Germaine. Il est intéressant de les analyser.

Les cloches de Pibrac lui annonçaient « la grande joie. » Elle avait une dévotion très tendre envers le Verbe fait chair, ce mystère centre de tous les autres, si profond et si doux, cette source des hautes contemplations du génie et des ravissements de l'amour. Les enquêtes canoniques établissent qu'elle avait coutume de réciter l'*Angelus* trois fois par jour, au coin des bois, au milieu de ses brebis attentives, pour honorer le Verbe descendu parmi nous, dont les cloches réveillaient le souvenir dans son âme attendrie. Les dépositions des témoins nous révèlent en détail des circonstances qui ajoutaient encore à ce que sa piété avait de touchant. Elle se mettait à genoux partout où elle se trouvait, sur le sol détrempé, et souvent dans les mares d'eau qui étaient au bord du chemin [1]. On a beaucoup admiré l'*Angelus* de Millet. Les Deux-Mondes se sont disputé cette toile célèbre : un champ de pommes de terre ; à l'horizon, une église rustique bâtie sur la colline ; entre une brouette et quelques outils agricoles, le frère et la sœur s'inclinent humblement et récitent ensemble les *Ave Maria* de midi. C'est simple, c'est grand, parce que c'est religieux. L'*Angelus* de sainte Germaine, dans une prairie du Courbet, en face du clocher de Pibrac, aurait autant de poésie et plus de profondeur religieuse.

Mais Noël apportait à l'humble Bergère des émotions plus intenses, en ressuscitant chez elle

[1] Fol. 1, *Summario*, p. 10.

le souvenir de l'Incarnation. Les grandes Antiennes sonnées au clocher du village, ces soupirs des patriarches et des prophètes, étaient les soupirs amoureux de Germaine. Elle chantait intérieurement : O Sagesse éternelle, ô Adonaï, ô Rameau de Jessé, ô clef de David, ô Orient, ô Roi des nations, ô Emmanuel, venez et sauvez-nous. Comme les pasteurs de Judée elle prenait le chemin de Bethléem « pour voir le Verbe que Dieu avait manifesté au monde. »

Entre 1579 et 1601, l'église de Pibrac n'était pas belle; elle ne l'est pas encore, malgré les modifications somptueuses qu'elle a reçues, grâce au zèle d'un pasteur dont la mémoire est en bénédiction, et qui fut contraint d'inventer un style. La pensée des paroissiens venus à la fête n'avait pas de peine à se représenter la Crèche de l'Enfant-Dieu. Ce n'était pas une étable, mais c'était la pauvreté.

En ce temps-là faisait-on des « crèches? » Le moyen âge jouait « les mystères » pour instruire et émouvoir la foi naïve des populations; Noël et la Passion étaient les plus célèbres. Telle est l'origine du théâtre moderne, qui a quelque peu changé ses acteurs, ses décors et surtout son libretto. La Renaissance remplaça « les mystères » par le drame. « Les crèches » purent survivre aux traditions évanouies; mais elles n'étaient pas aussi jolies que les nôtres. Toulouse était plus loin de Pibrac qu'aujourd'hui. Paris était au bout du monde; il n'expédiait pas en province des « Petits Jésus » en cire, aux joues vermeilles, aux cheveux blonds, couchés dans des berceaux fleuris, et étendant leurs bras, comme pour nous dire : « Venez à moi; » ni des Mages aux robes éclatantes d'or et de pierreries, ni des chameaux en carton peint, ni des bœufs aux cornes allongées, ni des moutons frisés le long des sentiers de Bethléem : charmants tableaux qui aident la piété moderne, quand ils ne la suppléent pas.

Sainte Germaine n'avait pas besoin de ces excitations du dehors; ce que ses yeux ne voyaient pas du mystère, le regard de sa foi le contemplait dans une douce extase. Devant la crèche du Sauveur, elle était un spectacle pour Dieu, pour les anges et pour les hommes. On aime à la considérer au pied de la croix et au pied de la crèche : les harmonies de l'humble Bergère avec Jésus-Christ ne sont jamais plus saisissantes. Elle se représentait aisément l'étable de Bethléem, car c'est près d'une étable qu'elle dormait la nuit, entre le bœuf et l'âne de Laurent Cousin. La crèche de l'Enfant-Dieu avait son image dans le lit de sarments, placé sous l'escalier de la ferme, exposé à tous les vents, qui passaient en sifflant par les brèches du mur en pisé. Pour honorer les langes de Jésus, elle n'avait qu'à laisser tomber ses regards sur sa robe, peut-être déchirée, grossière en tout cas, qui enveloppait ses membres maladifs. Elle aurait porté envie au nouveau-né dans sa détresse, en voyant à ses côtés la douce Vierge et Joseph qui avait la tendresse d'un père, elle l'orpheline bannie de la table de famille, si elle n'avait pas su que la Vierge était sa mère et Joseph son protecteur.

Que pouvait-elle offrir à Jésus-Christ? Non pas l'or des Mages, pas même un agneau de sa bergerie : les agneaux étaient comptés et gardés avec plus de jalousie encore que les morceaux de pain qu'elle distribuait aux indigents. Elle lui offrait la myrrhe de ses douleurs, que « ses mains distillaient, » et l'encens de sa prière, qui s'élevait de son cœur, véritable autel des parfums, sur lequel se célébrait le sacrifice du matin et du soir. Jésus-Enfant dans sa crèche, Germaine à ses pieds : ces deux pauvretés se consolaient ensemble. « Heureux les pauvres, » dira un jour, du haut de la montagne, le pauvre de Bethléem. Germaine sera une des preuves les plus éloquentes de cette parole. Que de pauvres Jésus a consolés! que de pauvres Germaine console encore!

La pauvreté de Germaine devait être glorifiée, même sur la terre. Maintenant ses ossements reposent sous un manteau d'or et de soie. La châsse qui les renferme est la première cathédrale qu'on lui a dédiée, dans ce style gothique qui mourut avec elle. Ce ne sera pas la dernière.

Aujourd'hui, quand nos temples voient se dresser les crèches qui attirent les foules en les charmant, dans les villes, dans les bourgades, et jusqu'au fond des plus obscurs hameaux, on aimera à considérer, au milieu des anges et des pâtres, parmi les Mages et les chameaux venus de l'Orient, notre Bergère agenouillée, comme il y a trois cents ans, les mains jointes et le visage illuminé d'une clarté mystique, adorant dans son cœur le Verbe fait chair. Les pieux visiteurs qui apporteront leurs offrandes au Nouveau-Né n'oublieront pas de verser leur obole dans l'escarcelle de la pauvre Germaine, en disant : Pour votre basilique.

La Croix de sainte Germaine.

Souvent, poussée par un doux sentiment de piété, elle se mettait à genoux devant une image de la croix, à l'ombre des arbres, et elle adressait au Ciel de ferventes prières. (Information : *Commentaire de sa vie*, folio 2.)

Au sud-ouest de la forêt de Bouconne, sur le territoire de la paroisse de Lasserre, on voit une croix de pierre que, dans le langage populaire, on appelle « la Croix de saint Dominique. » Cette légende suppose — non sans vraisemblance — que l'ardent Apôtre du treizième siècle, en traversant le pays toulousain, était venu prier en ce lieu, s'y reposer de ses fatigues, échapper aux poursuites des Albigeois et peut-être recevoir la révélation du saint Rosaire. Les archéologues disputèrent longtemps sur l'antiquité de ce petit monument, plusieurs fois restauré, et dont la modernité est aujourd'hui démontrée. La question de critique écartée, la légende garde sa valeur; car la croix a remplacé le chêne sous lequel Dominique priait. On ne sacrifie pas volontiers de pareils souvenirs. Le parfum des siècles héroïques est si doux et si réconfortant!

Il n'y a aucune croix, ni sur la lisière de la forêt, ni dans ses carrefours, qui s'appelle « La croix de sainte Germaine. » Il ne reste que le souvenir de la dévotion de la pieuse Bergère, attestée par les contemporains, et consignée dans les deux enquêtes canoniques du siècle dernier et du nôtre[1]. On aimerait à retrouver un débris de cette croix consacrée par ses baisers et par ses larmes, ou l'églantier qui l'avait enveloppée de ses rameaux, et seulement la place où elle était élevée. Mais plus probablement cette croix était partout, sur les bornes des champs, au détour des chemins : c'est là que Germaine s'agenouillait, comme dit son histoire. Bouconne avait des arbres de haute futaie, majestueux, qui étendaient au loin leurs branches, qui la protégeaient contre les ardeurs du soleil, et entretenaient des sources où elle rafraîchissait ses lèvres brûlées par la fièvre. Mais pour elle aucun n'était comparable, ni par ses frondaisons, ni par les fleurs dont il se couvrait, ni par les fruits dont il se chargeait, à cet arbre mystique dont la beauté rayonnante la ravissait, sur lequel la Vie avait souffert la mort, et la mort avait engendré la vie.

[1] Information : fol. 2, *Sommaire*, p. 26.

Devant la croix Germaine était dans son cadre, mieux encore que devant la crèche; elle s'harmonisait plus parfaitement avec la grande Victime, car elle était la fille de la douleur. Chaque saint a sa caractéristique. Quoique la douleur soit celle de tous les favoris de Dieu, elle frappe à un coin particulier certaines âmes destinées à passer par cette voie royale. Telle était Germaine. Dieu, qui lui réservait tant de gloire au ciel et sur la terre, ne lui épargna aucune douleur du corps et de l'âme. L'infirmité l'avait visitée dès le sein de sa mère; en naissant, elle en portait les stigmates. Dès son enfance, elle fut appliquée à la garde des troupeaux, un état qui a ses charmes et aussi ses rigueurs, avec les chaleurs de l'été et les froidures de l'hiver. Pauvrement vêtue, nourrie d'un pain de misère, elle allait à travers les pierres et les ronces du chemin, les pieds nus et meurtris, souvent ensanglantés. Etrangère au milieu des siens, elle ne connut jamais ni les sourires ni les caresses; l'indifférence de son père, les mauvais traitements de sa marâtre en tenaient la place. Pour que rien ne manquât à son martyre, qui mesura son existence du berceau à la tombe, elle endura la persécution de l'opinion, qui tournait sa dévotion en ridicule. Son cœur ressentait nuit et jour une souffrance intime : le vide, la mélancolie, l'angoisse, toutes ces eaux amères passaient sur lui en le désolant. Cette enfant, qui mourut à vingt-deux ans, ce frêle roseau portait sans faiblir le poids des épreuves dont la Providence l'accablait, calme au sein de l'orage, sereine au milieu des nuages qui l'enveloppaient, belle de la beauté du malheur, plus belle encore de la beauté de la résignation, comme un lys qui s'élève et déploie sa blanche corolle au-dessus des épines qui semblent vouloir l'étouffer. Qu'il faisait bon pour elle au pied de la croix!

Là elle était à l'école de la douleur; sa foi l'aidait à en comprendre la terrible et sublime théologie, mystère sombre pour tant d'autres, et qui n'arrache aux désespérés que des plaintes sans amour. Elle se retrouvait dans le divin crucifié; elle était blessée à la main droite : Jésus avait les pieds et les mains percés; elle portait une robe déchirée : Jésus n'avait pas même la tunique que sa mère lui avait donnée; elle couchait sur des sarments : Jésus n'avait où reposer sa tête : sa couronne sanglante fut son dernier oreiller; elle étanchait sa soif à l'eau des fontaines : quand Jésus eut soif, on lui offrit du fiel et du vinaigre; elle était abandonnée des siens : Jésus trahi par ses apôtres était seul sur son gibet, abandonné de Dieu et des hommes; elle était chagrinée par les gens de son village : Jésus était entouré de ses ennemis triomphants. Dans cette similitude, elle puisait déjà une consolation. La similitude est un lien d'amour : les âmes blessées se rapprochent, et en partageant les douleurs, elles les trouvent plus légères.

C'est à la croix que Germaine faisait ses confidences. La confidence est la respiration de l'âme : c'est une loi de la vie : nul ne peut s'y soustraire. Les âmes vulgaires font leurs confidences à la terre, qui ne saurait les consoler ; les saints les font à Jésus-Christ : ils ne respirent que du côté du ciel. La résignation est silencieuse ; le silence est souvent héroïque, mais il a ses dangers. Alors l'âme se remplit de pensées et d'émotions, qui en s'accumulant deviennent trop pesantes ; le vase s'aigrit ou il déborde : la confidence prévient ces maux. Germaine s'épanchait en Jésus crucifié ; entre ces deux vases communiquants, le niveau s'établissait vite : les douleurs de la Bergère allaient se perdre dans le cœur de Jésus ; les consolations de Jésus venaient visiter le cœur de la Bergère.

Au pied de la croix, Germaine s'enivrait de la beauté de son Bien-Aimé. Elle n'avait pas lu saint Augustin qui, dans ses *Commentaires de l'Evangile*, a d'éloquents passages sur la beauté de Jésus crucifié. Elle s'écriait avec l'Épouse des Cantiques : « Mon Bien-Aimé est beau ; la blancheur de son innocence et la pourpre de son sang se mêlent sur son visage. » En contemplant ce divin idéal, elle se sentait attirée par un charme irrésistible ; elle montait vers lui portée par toutes les ailes de son amour. Le Crucifié devenait son point d'appui et le centre de sa vie : elle végétait, elle s'épandait, elle s'enroulait autour de sa beauté sanglante, comme les grands lierres qui, partant du sol près des chênes de la forêt, grimpaient sur leur tronc noueux en se nourrissant de leur substance, et les couvraient de leurs pampres verdoyants.

Plus d'une fois, disent les hagiographes, le crucifix devenu vivant avança ses bras vers ses serviteurs qui l'adoraient, baignés dans les larmes de leur contrition et de leur tendresse, et les consola en leur donnant le baiser de paix. L'histoire ne raconte rien de pareil pour Germaine ; mais sans se détacher de son bois, le crucifix se penchait vers sa servante et l'abreuvait des délices de sa passion. Alors elle comprenait mieux ces paroles de l'*Imitation :* « Dans la croix est le salut ; dans la croix est la vie ; dans la croix est la vigueur de l'esprit ; dans la croix est la joie de l'âme ; dans la croix est l'effusion des célestes suavités. » Elle se levait réconfortée, et prenant sa houlette elle poussait son troupeau devant elle, heureuse de souffrir pour Celui qui avait tant souffert pour elle.

La patience n'était pas l'unique vertu de Germaine ; la charité enflammait son cœur. Au pied de la croix elle n'était pas égoïste ; en pensant à ses propres douleurs, elle n'oubliait pas les autres. Là elle pratiquait le pardon des injures, en demandant à Dieu de ne pas imputer ses épreuves à ceux qui les lui causaient. Sans doute que dans sa prière il y avait place pour les petits enfants qu'elle catéchisait dans les champs, pour les agneaux confiés à sa garde, et pour le pasteur du village dont elle était la brebis fidèle et reconnaissante.

Sans exagérer le rôle d'une humble bergère, en ne tenant compte que des données théologiques et des dépositions des témoins dans les enquêtes dont sa vie fut l'objet, on est autorisé à soutenir qu'il y avait dans sa prière des préoccupations d'un ordre plus élevé et qui dépassaient le pays où s'écoula son existence. Quand on voulut établir, selon toutes les règles canoniques, les bases de sa sainteté, il fallut prouver qu'elle avait pratiqué à un degré héroïque la foi, l'espérance et la charité. Ces trois vertus en forment une quatrième : la religion, qui a pour objet le culte intérieur et extérieur dû à Dieu. L'âme qui la possède est passionnée pour la gloire de Jésus-Christ ; c'est son rêve de voir son règne s'établir sur toute la terre. Telle fut Germaine. Ici les témoignages sont nombreux et concordants.

Si quelqu'un s'étonnait de cette considération, il prouverait qu'il n'a jamais compris ce que c'est qu'un saint. Un saint est un miracle ; et parce que Dieu ne le suscite pas chaque matin, il est sûr qu'il le destine à une fin importante, même quand il s'agit d'une pauvre bergère : un saint se rapporte à un intérêt général. Les saints sont comme les étoiles : il y en a de première, de deuxième et troisième grandeur ; mais le plus obscur répand une clarté qui le dépasse lui-même, par un rayon qui mesure une province de l'Eglise, le plus souvent l'Eglise tout entière. La dévote soigne sa petite âme; elle passe le plumeau sur les poussières qu'y dépose sa fragilité; elle chasse avec son éventail les mouches qui en menacent la pureté; elle va chaque huit jours déposer ses angoisses aux pieds de son directeur; la dévote gravite dans une sphère qui a pour frontières sa respectable personnalité. Germaine, la sainte de Pibrac, fleur éclose d'une grâce miraculeuse, avait une autre vocation : elle portait l'Eglise dans sa pensée; elle souhaitait son triomphe, qui est le triomphe de Dieu. « Que votre règne arrive, » disait-elle en regardant la croix, instrument des victoires de Jésus-Christ sur l'empire du démon.

Les saintes ont quelquefois joué dans l'Eglise un rôle providentiel. Germaine n'est pas de cette famille. Cependant sa prière solitaire, plus ignorée que les pervenches qui poussaient dans les taillis, et qui restait ici-bas sans écho, avait une part d'influence dans les destinées de l'Eglise.

Ne barbouillons pas cette douce et aimable figure de théologie, encore moins de politique. Elle avait six ans quand mourut Guy du Faur de Pibrac; elle avait vu le comte dans le château devant lequel elle passait chaque matin pour aller à la messe. Très probablement elle n'avait pas entendu parler du Concile de Trente, où le spirituel auteur des *Quatrains moraux* avait été trop éloquent, en défendant les prérogatives de la Couronne au détriment des droits du Pape. Savait-elle qu'il y avait en France des protestants, ces hérétiques odieux, qui essayaient de lui voler l'eucharistie et le culte de la Vierge Marie ? Peut-être. Alors la sainte Ligue battait son plein. A Paris, elle disputait le trône à Henri IV encore calviniste. A Toulouse, elle provoquait une émeute sanglante, où Duranti trouvait la mort. En montant sur le plateau du Courbet, on pouvait voir les lueurs de l'incendie, et entendre presque les cris de la multitude en fureur. Au milieu des horreurs de la guerre civile, où l'intérêt de l'Eglise était en jeu, qu'elle ait connu ces événements ou qu'elle les ait ignorés, elle élevait vers le ciel ses mains pieuses et sa voix suppliante, demandant que le règne de Dieu s'établît par toute la terre. Les forces de la nature sont inconscientes : elles agissent néanmoins; une goutte d'eau, une molécule d'air, un rayon de lumière, un atome d'éther contribuent à l'équilibre des mondes. Ainsi la prière d'une bergère, qui ne sait pas ce qui se passe ici-bas, est un facteur dans l'économie du monde surnaturel.

Que de choses sublimes on peut penser, sentir et faire devant une croix ! Que de lumières, que de consolations, que d'espérances, que de résignation, que d'amour on y puise ! Quand sainte Germaine, par ses exemples, ne nous aurait enseigné, avec les secrets de la croix, que l'art de moins souffrir, la leçon vaudrait tous ses miracles. Après cela, on récite avec une piété plus émue l'oraison de sa fête, qui contient le mot décisif, le trait pittoresque et comme le génie de cette âme si belle : « O Dieu, qui exaltez les humbles et qui avez orné la bienheureuse Germaine, votre vierge chérie, du double éclat de la charité et de la patience, accordez-nous, par ses mérites et son intercession, de porter chaque jour notre croix et de vous aimer jusqu'à la fin. Ainsi soit-il. »

Sainte Germaine et l'Eucharistie.

> C'était ses délices d'assister chaque jour au saint sacrifice dans l'église de son village, sans tenir compte de la distance des lieux et des difficultés du chemin. (Information : *Commentaire de la vie*, p. 20.)

JAMAIS la nature n'expliqua les saints ; il faut chercher ailleurs le principe de leur supériorité. On voit quelquefois des plantes pousser dans les anfractuosités des rochers et jusque dans les fentes stériles des murailles. On en conclut qu'elles plongent leurs racines dans quelque humus caché, ou qu'elles vivent de l'atmosphère ambiante. Il n'y a pas d'effet sans cause. Les saints vivent de l'Eucharistie, réalisant ainsi cette parole de l'Évangile : « Celui qui mange ma chair et boit mon sang aura la vie éternelle en lui. » Sainte Germaine est une fleur d'autel.

Pour favoriser les rapports de l'humble Bergère avec l'Eucharistie, Dieu faisait des miracles. Les trois miracles qui ornèrent sa vie sont : le pain changé en fleurs dans son tablier ; la quenouille plantée en terre qui garde son troupeau contre la dent du loup ; le passage à pied sec du Courbet gonflé par les orages et les eaux de l'hiver. De ces trois miracles, les deux derniers ont pour fin de permettre à Germaine d'arriver jusqu'à Jésus dans son sacrement. Un saint est une création pleine de beauté et d'harmonie : pour la réaliser, Dieu se met en frais.

Les rapports de sainte Germaine avec l'Eucharistie revêtirent toutes les formes que l'amour peut inventer. Il ne lui était pas donné d'être toujours au pied des autels ; le devoir l'enchaînait à son troupeau : les parcours des herbes l'éloignaient souvent du lieu « où était son cœur, parce que là était son trésor : » mais sa pensée y était fixée la nuit et le jour. Blessée d'une sainte jalousie, elle portait envie aux âmes qui « habitaient la maison du Seigneur. » Elle préférait sans peine « une heure passée dans les sacrés parvis » à mille dans la pauvre ferme de Laurent Cousin, ou le long des chemins verdoyants de la campagne. Du plateau silencieux où s'écoulait sa vie, elle apercevait l'église rustique du village ; le vent lui apportait le cantique des cloches. Alors « son cœur et sa chair tressaillaient en le Dieu vivant. » En voyant le passereau se cacher sous le toit des chaumières, elle disait : « Le passereau a sa demeure. » Quand au printemps la tourterelle suspendait son nid aux arbres touffus de la forêt elle ajoutait : « La tourterelle a son nid pour y déposer ses petits. » Et moi, pauvre orpheline, « j'ai vos autels, ô Seigneur Dieu des vertus, ô mon Roi, ô mon Dieu. » Quand ses agneaux se désaltéraient pendant la chaleur des étés aux sources de la plaine, elle s'criait : « Comme le cerf altéré soupire après l'eau fraîche des fontaines, ainsi mon âme consumée par ses désirs a soif de vous, ô mon Dieu ! » Si le ramier passait sur sa tête, cherchant à tire-d'ailes le grain nourricier, elle répétait cette parole du Prophète : « Qui me donnera des ailes comme à la colombe, et je volerai, et je me reposerai là-bas sur le coteau, sur le sein de mon Bien-Aimé. » C'est ainsi que Germaine faisait en esprit la visite au Saint-Sacrement.

Non contente de saluer au loin de ses soupirs amoureux, des langueurs saintes de son âme, le Dieu caché dans le mystère, elle s'en rapprochait chaque jour une fois pour assister au saint sacrifice. « Dieu, ô mon Dieu ! je veille vers vous dès le matin. Dans le désert aride où je m'avance, je suis comme une terre brûlée par le soleil ; j'ai besoin que vous descendiez sur moi comme une rosée bienfaisante[1]. » C'est alors que sa quenouille gardait le troupeau, et que le Courbet, devenu torrent, la laissait passer en triomphe, pour ne pas retarder son élan vers son Bien-Aimé.

[1] Psaume.

Le Courbet n'était pas un bras de mer, pas plus alors qu'aujourd'hui, ni un fleuve de quatrième grandeur. C'est tout juste un ruisseau, qui s'échappe du plateau de Bouconne, qui baigne quelques rares fermes, qui n'actionne pas un seul moulin. Dans son cours capricieux, il décrit des courbes d'où il tire son nom; il roule sur un lit de galets, que son faible tirant d'eau permet de compter en toute saison ; il essaie de prendre un peu d'allure sous les tours du château de Pibrac, en mêlant sa chanson aux *Quatrains* de Guy du Faur, pour disparaître bientôt après dans l'Aussonnelle, dont il partage l'obscurité. Il ne serait inscrit qu'au cadastre de la commune, si Germaine n'était pas née sur ses bords : grâce à la Bergère, il est connu dans le monde entier. Son nom a retenti sur toutes les chaires de la chrétienté. L'histoire l'a gravé à côté de celui de la mer Rouge, qui s'ouvrit devant les enfants des Hébreux, et de celui du Jourdain dont le manteau d'Élie divisa les eaux. Dieu commanda aux flots de la mer Rouge, aux flots du Jourdain et aux eaux du Courbet : trois théâtres inégaux, trois scènes inégales aussi par leur importance et leurs résultats; au fond trois miracles. Quel est le plus grand ?

Par delà la mer Rouge, les enfants des Hébreux trouvèrent la manne du désert. Sur la rive droite du Courbet, Germaine cherchait l'Eucharistie, cette manne véritable, ce pain du Christ, qui fait les délices des rois, et dont les pâtres ont leur part. En gravissant le coteau dont l'église couronnait le sommet, par le sentier raide et épineux qui y conduisait, Germaine récitait en silence les versets du psaume graduel : « Je me suis réjouie quand on m'a dit : Nous irons dans la maison du Seigneur. O Jérusalem, c'est vers tes parvis que mes pas se dirigent ; c'est là qu'ils veulent se fixer. »

Ici nous ne sommes pas réduits aux conjectures. « Si nous considérons la charité dont Germaine a été animée envers Dieu... c'est le cas de rappeler avec quel zèle elle se rendait à l'église, aussi souvent que ses travaux le lui permettaient, afin de goûter les délices qu'une âme aimante a coutume de trouver dans la société de l'objet aimé, dont le désir consumait son cœur. Il faut rappeler la pieuse coutume où elle était d'assister chaque jour à la messe, afin de se remémorer le sacrifice dans lequel le Dieu fait homme s'offrit pour nous sur la croix[1]. » Son attitude frappait les assistants ; l'émotion qu'ils en ressentaient est arrivée jusqu'à nous par le canal de la tradition. « Tandis qu'elle assistait à la messe, chaque fois qu'elle se trouvait dans l'église, elle se tenait immobile, dans une grande union avec Dieu[2]. »

[1] Information, f° 1, *Des Vertus*, p. 8.

[2] Ibidem. — *Summario*, p. 30.

Avec ce seul mot, recueilli dans l'enquête, nous avons la vision de la vierge extatique prosternée sur le pavé du temple. C'est bien l'extase, car l'immobilité est un de ses caractères. Alors l'exercice des sens est suspendu ; la vie organique paraît absorbée dans une vie supérieure : l'œil voit, l'oreille entend, le cœur ressent ce qui s'opère dans le mystère des relations de Dieu avec une âme. Deux autels étaient dressés, l'autel du prêtre et l'autel de Germaine, qui était son cœur ; deux hosties se regardaient, Jésus l'hostie pure, sainte, immaculée, qui continue dans les siècles le sacrifice du Calvaire ; Germaine hostie pure par grâce non pas par nature, hostie d'une sainteté commencée, immaculée autant qu'une créature peut l'être, hostie vivante par ses souffrances, mais joyeuse et aimante, qui s'unissait avec transport à son céleste Époux, heureuse de s'immoler dans ses bras sanglants. Ainsi elle était victime et prêtresse.

Tant d'héroïsme demandait un aliment. « Il faut rappeler ici la faim surnaturelle dont Germaine était consumée pour l'aliment eucharistique, auquel elle convolait comme le cerf aux fontaines d'eau vive, tous les jours de fête[1]. » C'était la communion fréquente à cette époque. « Ce mot, dit un écrivain anglais, n'a qu'un sens relatif, dépen-

[1] Information, f° I. *Des Vertus,* p. 8.

dant du siècle qui l'emploie. Au moyen âge, communier une fois par mois, et au temps de saint François de Sales, une fois par semaine, c'était communion fréquente[1]. » Sainte Germaine était contemporaine de saint François de Sales; on peut donc avancer qu'elle était admise à la communion fréquente, si on compte les dimanches parmi les fêtes de l'année chrétienne. Le protestantisme, en attaquant le dogme de la présence réelle, avait sans doute refroidi les cœurs. Mais la réaction catholique se dessinait déjà au commencement du dix-septième siècle; les saints poussaient les âmes vers la table eucharistique. Germaine avait suivi ce pieux mouvement.

Mais ce qu'il faut admirer chez elle, ce sont les dispositions dont elle était animée envers l'auguste sacrement. Quand elle l'adorait au fond du temple, son attitude frappait ceux qui priaient à ses côtés. Ce qu'elle était à l'heure solennelle où elle montait à l'autel, c'est à l'imagination de se le représenter. Avec quelle vérité la pauvre Bergère, qui était la brebis de Jésus, pouvait s'écrier alors : « C'est le Seigneur qui me mène, et rien ne manque à mon âme dans les gras pâturages où il me pousse. Il m'abreuve à des eaux fortifiantes, qui m'inondent de délices. C'est votre houlette, ô divin Pasteur, qui me console et me protège.

[1] Dalgairns, *La sainte Communion*, vol. II, p. 8.

Vous avez dressé devant moi une table dont la douceur me fait oublier les mauvais traitements de ceux qui me persécutent. » Le pain de la chaumière lui était servi avec avarice; il était dur et noir; elle le mangeait le long des chemins, et le soir sous l'escalier. Il lui manquait la saveur du pain partagé aux enfants par les mains d'une mère.

O l'amour d'une mère! amour que nul n'oublie!
Pain merveilleux, que Dieu partage et multiplie.
Table toujours servie au paternel foyer :
Chacun en a sa part, et tous l'ont tout entier.

Le pain de Germaine était un pain de larmes et de tribulation; c'était le pain d'une marâtre. Mais Jésus la dédommageait en lui donnant le pain de son amour, un pain qui a tous les goûts et toutes les suavités, que le divin Amphytrion sert de ses propres mains à ses convives, à ce banquet où les pâtres coudoient les rois.

« Qu'il me baise d'un baiser de sa bouche, » disait Germaine en allant à l'autel. Sa prière était exaucée; le baiser de Jésus restait suspendu sur ses lèvres et lui faisait une physionomie qui n'était pas de cette terre. Un saint qui fait oraison ressemble plus à un ange qu'à un homme. Un saint qui communie, les mains jointes, la tête inclinée, les yeux fermés aux choses d'ici-bas et fixés sur la vision de la foi, quand les vibrations de la vie semblent arrêtées et qu'une paix ineffable est répandue sur tous les traits, est un spectacle pour le ciel et la terre. C'est un profond mystère que celui de la présence réelle de Dieu sous les espèces du pain et du vin; il serait le plus terrible pour l'esprit s'il n'était pas le plus doux pour le cœur. Les docteurs ont composé des bibliothèques avec les traités qu'ils ont rédigés sur ce dogme. Saint Thomas d'Aquin se fit son poète, comme s'il désespérait d'en dire assez en restant son théologien. Cependant l'auteur de l'*Imitation* a ajouté un argument à tous les syllogismes des Pères et des scolastiques : cet argument *probable*, c'est la physionomie d'un saint qui vient de communier.

Germaine n'était pas belle de la beauté du corps : la fièvre brûlait son sang depuis son enfance ; la scrofule labourait ses chairs et lui procurait des difformités et des tortures. Mais les jours de grande fête, quand elle descendait de la table sainte dans l'église de Pibrac, elle était belle de la beauté de l'âme, qui transpirait à travers les lignes de son visage et la transfigurait. Ainsi elle devenait l'argument *probable* de la présence réelle.

C'est dans ces unions intimes et répétées que Germaine puisait la vie surnaturelle ; là était le secret des vertus héroïques qu'elle pratiquait. Véritable vigne mystique, elle enveloppait le tabernacle de ses pampres verdoyants, en trempant ses racines dans le sang de l'Agneau. C'est là qu'elle apprenait à aimer Dieu et son prochain, à souffrir avec allégresse, à donner son pain aux pauvres, la doctrine aux petits enfants, à mourir au monde et à elle-même. Aimer, souffrir, mourir en se donnant : trois belles leçons qu'il vaut la peine de recueillir, surtout de pratiquer.

Sainte Germaine sur les ruines de Notre-Dame d'Alet.

Les pierres du sanctuaire ont été dispersées le long des chemins.
(Lament., c. IV, v. 1.)

Dans le silence de l'histoire, il est permis de se livrer à de pieuses conjectures, pour la gloire des saints et pour l'édification des âmes, même dans un siècle qui se vante d'être scientifique, et qui demande « le document » avant tout. Quand la conjecture a pour elle la vraisemblance, elle se rapproche de la vérité. C'est le cas pour les pèlerinages de sainte Germaine à Notre-Dame d'Alet.

Ce sanctuaire, d'une antiquité bien établie, était en ruine pendant la vie de la Bergère de Pibrac; très probablement ce n'était pas pour la première fois. Au treizième siècle, les Albigeois, qui dévastèrent le midi de la France, du Rhône aux Pyrénées, ne durent pas l'épargner. Dans la *Notice* de 1687, dédiée à Mme Marie-Anne Desplats, épouse de messire Henry Lemazuyer, procureur général au Parlement de Toulouse, et portant l'approbation de l'Ordinaire, les chapelains citent un livre du quinzième siècle, qui traite des sanctuaires *célèbres* de France, et dans lequel Notre-Dame d'Alet est rangée parmi les *anciennes* chapelles de la Vierge. Ils disent qu'au treizième siècle elle était dans la forêt de Bouconne; et sous forme dubitative, ils ajoutent que c'est l'endroit où saint Dominique reçut la révélation du saint Rosaire [1]. Le P. Pradel, dominicain, est plus affirmatif, et soutient que c'est là que le serviteur de Dieu fut favorisé de la céleste vision [2]. Le P. Percin, du même Ordre, historiographe du couvent de Toulouse, se contente d'avancer que ce fut « en pays toulousain [3]. » Ce texte laisse place à beaucoup d'opinions. Mais il serait bien surprenant que les Albigeois eussent laissé debout un sanctuaire de la Vierge, déjà *célèbre* avant le quinzième siècle.

On n'en est pas réduit aux conjectures s'il s'agit de la destruction de ce sanctuaire par les protestants. Ici l'histoire générale des guerres de religion dans notre Midi présente une absolue certitude. Ces hérétiques écrivaient leur théologie sur nos temples détestés avec leurs arque-

[1] Edition de 1863, p. 45.

[2] *Manuel de la dévotion à sainte Germaine*, p. 123.

[3] In-folio, 3e partie, *De l'origine du saint Rosaire*.

buses et leurs canons; le culte de la Vierge était rayé de leur symbole; ils l'effaçaient de leur liturgie et de la nôtre. Les auteurs de la *Notice* de 1687, en racontant les circonstances de la reconstruction de Notre-Dame d'Alet en 1573, disent suffisamment qu'elle avait été détruite [1].

Or, les vingt-deux années qu'a vécues sainte Germaine se trouvent renfermées dans la période de désolation qui dura plus d'un siècle. Les dates de nos guerres de religion sont précises; il est facile de vérifier la situation du royaume entre 1579 et 1601 : ces chiffres mesurent la vie de la Bergère de Pibrac. Les auteurs de la *Notice* nous apprennent que la reconstruction de leur sanctuaire eut lieu « après une longue patience de plus d'un siècle [2]. » Salvan dit : « Quelques mois avant que Germaine vînt au monde, tout était en feu dans le midi de la France, par suite des guerres de religion entre catholiques et protestants. Ce fut pour apaiser ces troubles et rétablir la paix, en s'abouchant avec le roi de Navarre, que Catherine de Médicis entreprit le voyage de la Guyenne et du Languedoc. Le 5 novembre 1578, elle était à Pibrac; le 5 février 1579, elle signait la paix de Nérac avec le roi de Navarre [3]. » En collationnant ces dates, on voit que

[1] *Loco citato*, p. 48.

[2] *Ibidem.*

[3] *Histoire de la bienheureuse Germaine*, pp. 29 et suiv.

le sanctuaire d'Alet était détruit quand Germaine naquit, et qu'il était encore à terre quand elle mourut. Si elle l'a visité, elle n'a pu que pleurer sur ses ruines.

L'a-t-elle visité ? Si on n'applique pas ici les règles d'une critique rigide; si on accorde une valeur probante aux analogies de la foi, au génie des saints, aux habitudes des populations encore chrétiennes à cette époque, et jusqu'aux conditions topographiques qui servirent de cadre à la vie obscure de Germaine, on ne saurait mettre en doute ses pèlerinages à Notre-Dame d'Alet.

La dévotion envers la sainte Vierge est un élément essentiel de la vie chrétienne. « Celui qui nie le Fils, dit saint Jean, nie le Père. » Par une déduction logique, qui nie la Mère nie le Fils. On sait de quelle tendresse les saints étaient remplis envers Marie, et avec quel lyrisme ils prêchaient ou ils écrivaient sur ses prérogatives et sur ses vertus. On n'est pas saint sans la Mère de la divine grâce, pas plus qu'on n'est homme sans une mère selon le sang. L'histoire témoigne que Germaine fut semblable à tous les saints, et qu'elle se distingua par sa dévotion envers Marie : l'orpheline cherchait au ciel la mère qu'elle ne trouvait pas sur la terre.

Les saints sont pèlerins. Pèlerins de l'éternité soupirant après la patrie véritable, ils passent icibas sans s'attacher. Parce que les jours de la vie sont rapides, ils habitent sous des tentes qu'ils plantent le soir et qu'ils lèvent le matin. Pour s'essayer au grand voyage, ils prennent leur bâton, ét ils s'en vont vers les lieux où la Vierge Marie a laissé l'empreinte de ses pas, d'où s'exhalent ses parfums, où coulent les fontaines de ses grâces. Attirés par un charme secret, ils s'y reposent une heure, et ils continuent à marcher le long des chemins de l'exil, sans regarder derrière eux. Germaine, étrangère dans son village et jusque parmi les siens, avait, elle aussi, le goût des pèlerinages. Elle dut, comme tant d'autres, tourner ses pensées et diriger sa course errante du côté du sanctuaire béni des bords de la Save.

Pour satisfaire sa piété envers la Vierge Marie, pour céder à l'instinct mystérieux, à l'esprit pèlerin qui tourmente doucement les belles âmes, où serait-elle allée ? Sur ce terre-plein, coupé de vallons, qui va de la Save au Courbet, de là à l'Aussonnelle et à la Garonne, il n'y avait pas un autre sanctuaire qui pût l'attirer davantage et qu'elle pût atteindre aisément. Les annales locales n'en nomment pas qui aient laissé une trace dans la mémoire des générations, ou seulement une pierre pour attester que sur ce coteau, dans cette vallée, sur la lisière de cette forêt, les foules étaient venues honorer la Mère de Dieu. Notre-Dame du Désert — si elle exista à cette date — n'est sortie de son obscurité qu'aux rayons que Notre-Dame de la Trappe a projetés sur elle. Notre-Dame de Cahuzac, avec son église d'un excellent gothique du quinzième siècle, est située par delà la Save, sur les bords de la Gimone : en ce temps-là Cahuzac était bien loin de Pibrac. La Bergère pèlerine allait donc où se portait le pays tout entier, suivant la pente de son cœur et un mouvement très considérable, qui ne s'arrêta que pendant les guerres de religion.

Pouvait-elle faire autrement? Elle gardait son troupeau : elle le poussait devant elle aussi loin que l'herbe opportune s'offrait, usant du droit de parcours et de vaine pâture, — cette ressource des pauvres, consacrée par toutes les législations chrétiennes. Mais il fallait rentrer le soir; sa dévotion lui aurait donné des ailes, qu'elle n'aurait pu s'écarter à de grandes distances. Notre-Dame d'Alet est à l'extrémité du plateau que Bouconne termine au sud et la Save au nord : c'est sur ce plateau qu'était bâtie la métairie de *Mestre-Laurens*. Germaine n'avait qu'à suivre les sentiers de Bouconne : en marchant tout droit, elle aboutissait au sanctuaire béni où reposait « l'Arche-d'Alliance, » qu'elle aussi « trouvait dans les champs de la forêt. »

A cette époque, la Vierge d'Alet était honorée sous le vocable de « Notre-Dame de Pitié. » Encore aujourd'hui, le groupe en bois de la niche qui surmonte l'autel et l'inscription dont elle est ornée en font foi. Ceux qui ont voyagé en France sont frappés du nombre de Vierges qui portent ce titre ou ses synonymes. En compulsant les archives des églises et nos annales nationales, on découvre que cette appellation si pathétique tire son origine des malheurs qui nous accablèrent au quinzième siècle, quand nous étions anglais jusqu'à la Loire, et par-delà encore, en Guyenne. C'était le temps où « la grand'pitié qui régnait au royaume de France » arrachait à Jeanne d'Arc des cris de douleur, et lui faisait entreprendre, par l'inspiration des archanges et des Saintes, cette campagne d'où devait sortir notre miraculeuse délivrance. La France agonisante créa « Notre-Dame de Pitié, » lui demandant de lui rendre ses frontières, sa liberté et sa gloire, à peu près comme aujourd'hui, menacés au dedans et au dehors, nous avons inventé « Notre-Dame du Salut, » qui seule peut nous rendre, avec la foi des anciens jours, la paix au sein de nos discordes, et la sécurité devant un avenir terrible.

Les ruines du sanctuaire béni étaient d'ailleurs bien propres à inspirer la pitié : elles justifiaient déjà le titre de la Vierge qui y était honorée. Le tableau qu'en ont tracé les chapelains de 1687 est, dans sa concision, d'une éloquence poignante[1]. « Les hommes ont un secret instinct pour les ruines. Ce sentiment tient à la fragilité de notre nature, à une conformité secrète entre ces monuments détruits et la rapidité de notre exis-

[1] *Loco citato.*

tence. Il s'y joint en outre une idée qui console notre petitesse, en voyant que des peuples entiers, des hommes quelquefois fameux n'ont pu vivre cependant au delà du peu de jours assignés à notre obscurité[1]. » Cette fine analyse du cœur humain et de ses harmonies avec la nature morte est de main de maître. Mais il y manque une note, s'il s'agit des ruines chrétiennes. Celles du sanctuaire où la Vierge Marie avait régné si longtemps gardaient un charme particulier, toujours puissant sur les âmes pieuses et aimantes. Germaine répandit sur ces pierres dispersées ses larmes et ses prières; elle s'y sentit attachée en retrouvant sur elles « la grande pitié » qui remplissait sa vie douloureuse. En pleurant, elle les consolait; en priant à genoux, elle semait des germes d'espérance et de résurrection. « Le gothique étant composé de vides se décore ensuite plus aisément d'herbes et de fleurs que les pleins des ordres grecs. Les filets redoublés des pilastres, les dômes découpés en feuillage ou creusés en forme de cueilloir, deviennent autant de corbeilles où les vents portent avec la poussière les semences des végétaux. La joubarbe se cramponne dans les ciments; les mousses emballent d'inégaux décombres dans leur bourse élastique; la ronce fait sortir ses cercles bruns de l'embrasure des fenêtres, et les lierres, se traînant le long

[1] *Le Génie du christianisme*, t. I, chap. III, p. 55.

des cloîtres septentrionaux, retombent en festons dans les arcades[1]. » Il y a donc des fleurs qui aiment les ruines, qui semblent créées de Dieu pour leur composer une parure funèbre qui en diminue l'horreur. Bénies soient-elles ces fleurs sympathiques et les vents qui les sèment! Bénie soit la Providence, qui fait germer les fleurs et qui commande aux vents. Mais les âmes saintes, qui baisent avec respect, qui embrassent avec amour ce qui reste des sanctuaires de la Vierge, ce qui a échappé aux ravages du temps et à la malice des hommes, en sont encore un plus bel ornement. Germaine, fleur mélancolique, agitée par le sort, blêmie par la pauvreté et par la maladie, s'accordait bien avec les désolations de Notre-Dame de Pitié. Les harmonies surnaturelles sont supérieures à celles que découvre la simple esthétique ou une vaine philosophie.

Germaine était morte depuis longtemps quand on releva les murailles de Notre-Dame d'Alet. Ne contribua-t-elle pas à cette résurrection? « Il y eut, l'an soixante-treize de ce siècle, dit la *Notice*, plusieurs apparitions de la Vierge à quelques âmes simples, telles qu'un laboureur et quelques bergers, à qui elle révéla vouloir que son ancienne chapelle fût relevée de ses ruines et rétablie sur ses premiers fondements[2]. » Parmi les bergers qui furent favorisés des visions célestes,

[1] *Ibidem*, p. 59.
[2] Pages 47 et 48.

à cette date et sans doute auparavant, ne peut-on pas compter la douce Germaine, qui parcourait le plateau, le rosaire dans une main, la houlette dans l'autre, et qui était venue contempler avec tristesse les saintes ruines? Il est digne de remarque que la légende place un laboureur à l'origine de la chapelle primitive : c'est Ramounet, dont chacun sait le nom et la gloire, et que l'art a représenté dans la rosace du couchant du nouveau sanctuaire, habillé en page de la Renaissance, par une licence permise sans doute aux maîtres verriers, tandis qu'il plante en terre son aiguillon fleuri. Ainsi, Ramounet le laboureur et Germaine la pastourelle seraient aux deux extrémités de l'histoire de Notre-Dame d'Alet, l'un demandant qu'on érige son sanctuaire, l'autre qu'on le rétablisse. Décidément Dieu aima les humbles de ce monde; la Vierge Marie se plaît à les choisir pour instruments de ses desseins miséricordieux. Le pieux sanctuaire, embelli par une restauration récente, a gardé, avec la beauté pittoresque de son site, la poésie des souvenirs. La pensée que Germaine de Pibrac l'a visité y ajoute encore un charme.

Puisse la Vierge Marie, que Germaine aima si tendrement, lui rendre ce qu'elle fit pour elle, et l'aider à rebâtir le temple où reposent ses reliques, ce temple qui est le vœu de tous, qui est déjà plus qu'une espérance, ce qui demain sera une réalité.

La Quenouille de sainte Germaine.

> Tandis qu'elle conduisait son troupeau dans les pâturages en filant sa quenouille, son âme et ses pensées étaient toujours fixées sur Dieu.
>
> (*Légende liturgique.*)

QUAND la bergère garde ses brebis dans nos campagnes, si elle ne travaille pas à l'aiguille, elle file. Le voyageur la rencontre un peu partout, appuyée contre un tertre en hiver, pour s'abriter de la bise; au printemps, assise dans la prairie constellée de paquerettes, ou au bord d'une source ombragée; elle fait partie du paysage. Ainsi elle charme sa solitude et elle emploie utilement son temps.

Telle était Germaine, dit la légende. Le matin elle quittait la ferme paternelle quand l'aube commençait à blanchir, et ne rentrait que le soir, emportant avec elle du travail pour la journée, et le morceau de pain noir qu'elle trempait à la fontaine, quand elle ne l'arrosait pas de ses larmes. Au seizième siècle, la solitude était profonde sur le plateau du Courbet. La mer avec ses flots, le désert avec ses sables, la forêt avec ses vieux chênes créent le silence; le silence est leur ceinture et leur majesté. Les habitations humaines se tiennent à distance; les bruits de la vie n'arrivent pas jusque-là. En ce temps-là les chemins n'étaient pas tracés, les communications n'étaient pas faciles, les relations commerciales peu développées. Germaine, privée de toute affection mortelle, supportait avec une résignation quelquefois mélancolique la solitude des champs, toute pleine de Dieu pour qui sait l'y trouver. « Elle cherchait le lin et la laine pour occuper ses mains ingénieuses. » Le lin poussait dans le champ de maître Laurent, formant un tapis bleu comme l'azur du ciel; à la Saint-Jean, la laine des brebis tombait sous le ciseau du tondeur; c'était l'époque de l'industrie familiale. Avec ces matières, Germaine préparait le linge grossier de la maison, et la bure de sa robe qui se déchirait souvent aux ronces des fossés.

Ce qui nous intéresse davantage, c'est de connaître la direction des pensées qui se succédaient dans l'âme de Germaine, car la solitude est la mère des pensées. La légende nous répond que « son esprit et ses pensées étaient fixées sur Dieu. » Tous les saints sont poètes; ils ont le sentiment très vif de la nature, cette échelle mystique par où ils s'élèvent jusqu'à leur Créateur. Germaine semble avoir cherché Dieu plutôt dans son intérieur, qui était devenu son tabernacle, que dans les symboles du dehors, qui le traduisent moins exactement que l'âme humaine.

Mais la pensée de Dieu en engendrait bien d'autres, pures et profondes comme leur principe. En regardant le fil sortir de sa quenouille et s'enrouler sur le fuseau qui tourbillonnait entre ses doigts, elle considérait la fragilité de la vie dont le fil se brise si aisément. Ses infirmités étaient la prophétie de sa fin prochaine ; les aspirations de son amour en hâtaient encore l'heure. Elle disait : « Mes jours se sont écoulés plus rapidement que la toile n'est coupée par le ciseau du tisserand. » Et encore : « Du matin au soir, ô mon Dieu, vous avez terminé ma carrière. » — « Quand viendrai-je ? quand apparaîtrai-je devant votre face, ô Seigneur ? »

En filant son lin et sa laine, Germaine travaillait pour la maison et pour elle-même. Mais ses pensées s'élevaient au-dessus de ces vulgaires intérêts. Elle se souvenait que chaque âme ici-bas doit se faire un vêtement dont les vertus forment le tissu. L'abeille compose son rayon de miel avec des molécules embaumées prises un peu partout, même sur les plantes amères. L'oiseau bâtit son nid petit à petit, avec des brins d'herbe, les pailles légères que le vent disperse, et le duvet dont il se dépouille pour mieux réchauffer sa nichée. Ainsi l'âme s'orne de ses propres mérites fil par fil ; et ce vêtement plus beau que le manteau de Salomon, n'est autre que Jésus-Christ, dont l'Apôtre a dit : « Revêtez-vous de Notre-Seigneur Jésus-Christ. » Tel fut le programme de Germaine depuis le jour de son baptême; elle s'efforça de le remplir sans défaillance jusqu'à son dernier soupir.

On voit quelquefois près d'une fenêtre une jeune fille penchée sur son ouvrage, silencieuse et recueillie, à moins qu'elle ne fredonne une chansonnette à côté d'un pot de fleurs. Tandis que son aiguille court sur le canevas qu'elle brode ou sur l'étoffe commune qu'elle façonne, qui peut dire le mystère de ses cogitations et l'orientation de ses rêves? Germaine lui enseigne de quel côté ils doivent aller.

La quenouille de Germaine était chargée de vertus plus encore que de lin et de laine. Il plut à Dieu d'y suspendre des miracles; car « Dieu choisit la faiblesse pour confondre la force. » C'est avec un roseau qu'il voulut manifester sa toute-puissance, à la gloire de son humble servante.

Il faut lire l'histoire de la quenouille dans *Le Petit commentaire* de la vie de la Bergère, proposé à la Sacrée-Congrégation des Rites en 1845, pour obtenir l'introduction de la cause, et dans *le Summario* annexe. C'est une pièce rédigée en style de chancellerie, sans art, sans ornement d'aucune sorte. Mais les circonstances du fait y sont si bien détaillées, elles sont accompagnées d'observations si justes, qu'il s'en dégage un charme capable d'attendrir ceux qui sont le plus accoutumés à ce récit, qu'ils ont lu chez les écrivains, ou entendu de la bouche des prédicateurs.

Le rapporteur avait à établir l'héroïcité de la foi de Germaine : le miracle de la quenouille est une des preuves qu'il développe à l'appui de sa thèse. Après avoir résumé les deux enquêtes des archevêques de Toulouse, en 1700 et en 1845, parfaitement concordantes, et établissant une tradition non interrompue de témoignages favorables, il ajoute : « Pour assister chaque jour à la messe, la Bergère devait parcourir une grande distance, traverser un ruisseau souvent grossi par les eaux, surtout en hiver, et abandonner son troupeau à la garde de ses chiens. En cela elle courait un double danger : le troupeau pouvait entrer dans les champs des voisins et leur causer des dommages; les loups, très nombreux dans Bouconne à cette époque, pouvaient lui enlever quelque brebis. Mais la foi de la servante de Dieu était plus forte que le danger. Elle plantait en terre tantôt sa houlette, tantôt sa quenouille : *c'était la consigne donnée.* O prodige! pas une brebis ne s'écartait pour errer çà et là dans la campagne; pas une ne tombait dans les pièges dressés par d'autres pâtres, peut-être pour les voler, peut-être pour vérifier le miracle, qui faisait du bruit dans le pays. Pour les loups, la simple vue du roseau les mettait en fuite ou les tenait à distance, immobilisés par un magnétisme mystérieux, tandis que les autres pâtres avaient beaucoup de peine à se défendre de leurs attaques, eux et leurs troupeaux. » Après des aperçus théologiques de l'ordre le plus élevé, appuyés sur la doctrine de saint Thomas, le rapporteur, par un rapprochement heureux, cite l'exemple de saint Isidore le laboureur, qui assistait chaque jour à la messe, et mérita de voir les anges derrière ses bœufs, l'aiguillon à la main, pour conduire sa charrue, achever le sillon commencé, et lui éviter les mauvais traitements d'un maître sévère [1].

« C'est sur un roseau que vous vous appuyez ? » disait autrefois Isaïe, avec une ironie sanglante, par allusion aux roseaux d'Égypte dont Israël recherchait l'alliance. Il n'aurait pas adressé cette apostrophe à notre Bergère, car en plantant sa quenouille au milieu de son troupeau, c'est en Dieu qu'elle mettait sa confiance, non pas dans un roseau. Saint François d'Assise appelait le loup de Gubbio « Frère Loup. » Il l'avait apprivoisé en le caressant de la main ; il avait négocié un traité de paix entre la bête carnassière et les habitants du bourg, dont elle devint la pensionnaire, à condition de ne plus manger leurs moutons [2].

[1] *Introduction de la cause*, folios 4, 5, 6.

[2] Ozanam, *Les Poètes Franciscains*, chap. XVI. — *Fioretti*, chap. XXI. Traduction Riché.

Germaine n'avait pas signé de contrat avec les loups de Bouconne ; rien n'indique qu'elle fût entrée avec eux dans une pareille familiarité. Mais les loups s'arrêtaient avec respect devant elle ; leur férocité, aiguisée par la faim, venait se briser contre sa quenouille. O puissance de la faiblesse ! ô charme fascinateur de la virginité ! ô triomphe de la foi dans une pauvre bergère ! Tant il est vrai qu'obéir aux inspirations de Dieu et lui abandonner le soin de nos intérêts, est souvent un bon calcul; tant il est vrai que le quart d'heure de la messe qu'on donne à Dieu chaque matin n'est pas un temps perdu !

Sur la quenouille de sainte Germaine il n'y a pas que des vertus et des miracles ; on y trouve encore des leçons. Que penseraient les économistes et les hommes d'État si nous y cherchions la solution de la question ouvrière ? Mais laissons la question terrible qui enflamme les cerveaux et bouleverse le monde. Disons, sur un ton plus modeste, que la quenouille de la Bergère enseigne à tous, aux femmes principalement, à sanctifier le travail. Les mœurs antiques s'en vont. Cependant il y a encore des fileuses dans nos campagnes : ce sont les vieilles qui font durer ces bonnes traditions ; je le dis avec un profond respect pour ces vénérables ouvrières, qui peuvent s'acquitter de cette tâche sans mettre leurs lunettes. Quand donc, pendant les longues soirées d'hiver, elles feront la veillée avec les voisines, à la lueur de la chandelle de résine qui brûle, qui fume et qui pétille dans l'âtre, elles se souviendront de la quenouille de sainte Germaine; et en regardant son image suspendue aux murs de la ferme, elles offriront à Dieu leur travail et leurs chagrins, qui ne resteront pas sans récompense.

Les fileuses de l'usine ont encore plus de besoin des leçons de sainte Germaine. La bobine actionnée par la vapeur remplace le fuseau; la grande industrie a presque détruit l'atelier de famille, si favorable aux bonnes mœurs. Ici ce sont les jeunes: c'est la troupe gracieuse, joyeuse, rieuse, qui est à l'œuvre avec entrain. C'est ici qu'il faut planter la quenouille de sainte Germaine; elle présidera à leur travail, elle réglera leurs conversations, leurs chansons, et jusqu'à leurs pensées. Quand elles rentreront dans leurs foyers, elles seront encore dignes des regards des anges et des baisers de leurs mères.

En faisant ce petit sermon, nous prêchons pour l'œuvre de Pibrac, qui ne touche pas encore à la fin; nous demandons pour elle une fusée à chaque fileuse qui lira ces lignes. — Qu'est-ce qu'une fusée pour bâtir une basilique? — Duguesclin, prisonnier d'Édouard d'Angleterre, mit sa rançon à 100,000 florins d'or. Les femmes de Bretagne filèrent chacune une fusée, et le héros fut rendu à la France. Sans être dans le secret des dieux, nous croyons qu'à Pibrac on se contente d'une somme plus modeste. Une fusée, c'est une brique. Que chacune apporte la sienne, et le succès est assuré.

Parmi les piliers de l'église du Sacré-Cœur de Montmartre, il y en a un qui a été offert par l'industrie textile : il s'appelle « Le pilier du fuseau. » Nous souhaitons qu'à la basilique de sainte Germaine il y ait un pilier bâti avec des fusées : nous l'appellerons « Le pilier de la quenouille. »

Le Miracle des Fleurs.

Le juste germera comme un lys :
il fleurira devant la face du Seigneur.
(*Bréviaire romain.*)

On a dit mille fois les analogies de sainte Germaine avec sainte Geneviève et Jeanne d'Arc, les trois Bergères de France, aimées de Dieu, bénies des hommes, qui ne se lassent pas de les glorifier. En leur consacrant une étude dans ce modeste recueil, on n'a fait qu'ajouter une page à tant d'autres, en les répétant avec enthousiasme, puisqu'on ne peut désormais que glaner dans leur histoire. La parenté des bergères est naturelle : elle ne surprend pas ; ici elle est surnaturelle, et la surprise qu'elle cause est des plus délicieuses.

Mais sainte Germaine est encore la sœur des reines et des princesses ; car Dieu, « qui se plaît à élever les humbles pour les placer à côté des princes de son peuple, » a introduit la pauvre pastourelle de Pibrac dans la société de saintes illustres déjà par leur naissance avant de le devenir par leurs vertus. Lorsque Catherine de Médicis visita le château de Pibrac, elle n'était pas aux fêtes brillantes que Guy du Faur donna à sa souveraine : ce n'était pas là sa place. Après sa mort, elle marche à côté d'autres têtes couronnées, qui la saluent comme leur égale.

Le miracle des fleurs est le trait-d'union qui forme un autre groupe, ravissant de grâce et de poésie, composé de sainte Élisabeth de Hongrie, de sainte Élisabeth de Portugal, de sainte Rose de Viterbe et de sainte Germaine. Montalembert, le créateur de l'hagiographie moderne, qui chanta les saints autant qu'il les raconta, et qui leur a rendu les couleurs légendaires dont une critique mal comprise les avait dépouillés, a célébré la première dans des pages immortelles, que chacun sait par cœur[1]. Il a composé, en évoquant le souvenir des deux autres, une sorte de triptyque, où ces têtes nimbées se dessinent et semblent s'embellir encore en se rapprochant. Toutes les trois ont mérité de voir les fleurs germer dans leur tablier rempli du pain qu'elles distribuaient aux indigents : leur charité recevait ainsi une récompense qu'elle ne recherchait pas sur la terre.

Pour toutes les trois, c'est en hiver que le mira-

[1] *Histoire de sainte Élisabeth de Hongrie*, vol. I. chap. VIII.

cle s'accomplit. En été, le miracle valait encore; car jamais la nature, pourtant si féconde, n'a produit des fleurs avec des morceaux de pain : la fleur est fille de la fleur. Jamais la nature n'a produit des fleurs instantanées : les germes se développent lentement; il faut au moins un printemps, encore doit-il être ensoleillé et trempé de rosées matinales. Mais en hiver, le miracle s'ajoute au miracle : alors les fleurs sont mortes, et si on en trouve dans le tablier des saintes, elles viennent du ciel. Si l'hiver n'est pas la saison des fleurs, elle est celle des pauvres. Alors ils sortent de leurs maisons, chassés par le froid et la faim : leur manteau déchiré, leur visage pâle et creusé, la mélancolie répandue sur leur front sont plus attendrissants encadrés par les frimas. La charité, qui ne se repose jamais, se surpasse dans cette période cruelle.

Toutes les analogies nous autorisent à placer en hiver le miracle des fleurs de sainte Germaine. Mais son histoire, approuvée par l'Église, nous dispense de conjectures, en nous apprenant, en termes précis, que ce fut en hiver que Dieu voulut récompenser la charité de sa servante.

La scène est facile à recomposer. On voit là-bas, au couchant, sur le plateau qui domine le vallon du Courbet, la métairie de Laurent Cousin, dont il reste encore quelque trace. C'était l'hiver : le brouillard estompait l'horizon; le vent glacé soufflait avec violence, agitant les futaies et les taillis de la forêt, d'où sortait une harmonie sauvage ; la neige avait déployé son manteau blanc et triste, qui semble le suaire de la nature ; le soleil se hâtait de quitter la terre, en lui distribuant ses rayons avec avarice. Un vieillard, couvert d'un mauvais manteau, les pieds dans des sabots grossiers, sur son dos une besace vide, alla frapper en passant à la porte de Laurent Cousin. C'est Germaine qui entendit la première sa prière; c'est elle qui accourut la première pour partager avec lui ses réserves, le trésor amassé avec les retenues qu'elle faisait sur sa misère. L'obole que la veuve versa dans le tronc du temple mérita d'être béatifiée par Jésus-Christ, et est restée immortelle. L'obole de la veuve est surpassée par le morceau de pain de la pauvre Germaine : il sera payé par un miracle.

Il n'est pas sans intérêt de comparer les circonstances qui accompagnent le miracle des fleurs dans l'histoire des autres saintes.

Sainte Élisabeth de Hongrie descendait les pentes de la Wartbourg quand elle fut surprise par le duc Louis, qui lui dit : « Voyons ce que vous portez, » et que « s'apercevant de son trouble, il voulut la rassurer par des caresses. »

Sainte Élisabeth de Portugal parvint à se dérober aux regards du roi, et n'eut d'autres témoins que ses anges gardiens.

Sainte Rose de Viterbe est rencontrée en flagrant délit de charité par son père, qui lui demande avec dureté ce qu'elle fait, et lui ordonne d'ouvrir son tablier.

Sainte Germaine est la plus maltraitée : sa marâtre lève un bâton sur sa tête, avec accompagnement de reproches amers. Le bâton reste suspendu dans les airs ; les morceaux de pain de la pauvre bergère sont changés en fleurs. « Fleurissez, fleurs célestes, comme les lys ; répandez vos parfums ; déployez avec grâce vos frondaisons flexibles ; entonnez un cantique et bénissez le Seigneur dans ses œuvres ; glorifiez son nom, louez-le avec vos lèvres, vibrez comme des harpes pleines d'harmonie, et dites : Toutes les œuvres de Dieu sont belles. » Ces fleurs disent encore : Parmi les œuvres de la grâce de Dieu, Germaine n'est pas la moins belle.

Le miracle des fleurs dure toujours.

A Pibrac, les reliques de la Sainte sont dans un jardin qui ne connaît pas l'hiver. Les fleurs poussent partout ; elles tapissent les murailles, elles grimpent le long des pilastres, elles s'enroulent autour des clochetons de la châsse. C'est là que les jeunes communiantes ont suspendu leurs couronnes de roses blanches, embaumées d'innocence et des parfums eucharistiques. C'est là que les épousées de la veille ont offert les boutons d'oranger qui ornaient leurs fronts pleins de rêves, en attendant de venir y déposer les épines qui ne tardent guère à s'y mêler. Fleurissez, fleurs charmantes, fleurs de reconnaissance et d'amour ;

célébrez les vertus, les bienfaits et la gloire « de la bergère, pauvre et modeste sur la terre, qui est entrée riche dans le ciel, où elle est honorée des hymnes angéliques. »

Tous les arts ont reproduit le miracle des fleurs : la peinture, la sculpture, la photographie, la glyptique se sont disputé l'honneur de l'immortaliser. On peut voir à Saint-Etienne de Toulouse le panneau qu'un de nos maîtres lui a consacré, où l'on admire tous les personnages, quoique la Sainte paraisse un peu grassouillette, transfigurée avant l'heure par une licence qu'on pardonne aux poètes et aux artistes.

Dans la Basilique projetée, le miracle des fleurs aura certainement sa place. Il sera sculpté dans un chapiteau historié, ou en bas-relief sur un rétable ou un tombeau d'autel; à moins qu'on ne l'exécute à fresque sur une large frise, à l'instar des frises de Flandrin. La Basilique sera édifiée avec les plus modestes offrandes. On souscrit pour une brique, pour une pierre; on souscrira plus tard pour une colonne ou pour une chapelle. Les âmes tendres et poétiques souscriront pour « Les fleurs de sainte Germaine. »

Le Pain de sainte Germaine.

Le pain de saint Antoine est le fait surnaturel le plus retentissant de l'heure présente. Le vaillant apôtre de l'Italie et de la France, qui rompit le pain de la vérité aux multitudes du treizième siècle enthousiasmées par son éloquence, et qui vengea des dénégations et des outrages de l'hérésie « le pain des anges devenu le pain des voyageurs, » en forçant les animaux à l'adorer sur l'autel, comme autrefois dans la crêche, continue du haut du ciel sa mission de bienfaisance. Plus puissant qu'aux jours de son apostolat, si riche en prodiges, parce qu'il est plus près de Dieu, il nourrit les pauvres avec le pain qu'il demande à la charité des riches. C'est ainsi que « les ossements des saints prophétisent du fond de leur tombeau; » leur gloire s'épand à travers les âges en de perpétuelles floraisons, qui renouvellent leur jeunesse et attirent encore les peuples émerveillés.

Il a plu à Dieu de communiquer la même vertu à sainte Germaine. Comme elle aima les pauvres pendant sa vie, elle les a aimés après sa mort. Sa charité fut récompensée sur la terre, quand les morceaux de son pain noir, offerts à l'indigent qui passait, se changèrent en fleurs à la saison des frimas. Maintenant encore elle secoue son tablier, et il en tombe, non pas des fleurs, mais des miettes qui sont autant de miracles.

C'était en 1845. Il y avait à Bourges un monastère de religieuses du Bon-Pasteur, vulgairement appelé « Refuge, » à cause de sa spécialité apostolique, qui consiste à recueillir les victimes du vice, pour les réhabiliter par la pénitence, au moins aux yeux de Dieu, et les jeunes enfants innocentes, souvent orphelines, pour les préserver des naufrages où tant d'autres périssent. C'est le théâtre que notre Germaine choisit pour y opérer une série de miracles, groupés dans *l'information canonique* sous cette rubrique : « Le miracle du pain et de la farine. » Il faut lire le long de vingt-six pages in-folio, sans compter *le Summario* des témoignages, les détails émouvants de ce drame; car c'est un vrai drame qui se déroule entre les murailles du monastère de Bourges, à travers des péripéties minutieusement analysées et reproduites dans le rapport officiel, avec une exactitude toute romaine. Ceux qui ont lu dans les *Vies* de sainte Germaine l'abrégé de ces miracles apprendront avec édification des circonstances qu'ils ignorent sans doute, et qui ajoutent aux faits un intérêt palpitant.

Le monastère comptait dix-sept religieuses de chœur, cinquante pénitentes et quarante jeunes filles, en tout cent seize personnes. Les ressources étaient modiques, sans autres réserves que le travail quotidien. L'entretien réduit au strict nécessaire se composait de légumes : on ne servait de la viande que trois fois par semaine. La dette dépassait 12,000 francs ; les créanciers voulaient être payés ; le négociant en blé était encore plus pressant : il fallait lui verser à bref délai une somme de 500 francs. La situation n'était pas riante.

Ici commence la lutte contre la faim. Le monastère ressemblait à une ville assiégée et réduite à la dernière extrémité. Dans ce cas, les villes sont mises à la ration ; à Bourges, cette mesure devenait barbare : que retrancher du strict nécessaire ? La Mère supérieure ayant perdu tout espoir du côté de la terre, tourna ses regards vers le ciel. La renommée de la Bergère de Pibrac se répandait de plus en plus en France ; sa cause introduite à Rome suivait son cours. On était presque à la veille du décret sur l'héroïcité de ses vertus ; il fallait des miracles à Germaine pour gagner son procès : il en fallait au monastère de Bourges pour ne pas mourir de faim. Ces deux intérêts se rencontraient pour se porter un mutuel appui. La supérieure tira des émotions de son cœur de mère, et surtout des inspirations de sa foi, une résolution hardie : elle posa la question du miracle, en demandant à Germaine de multiplier le pain de sa communauté et de lui procurer l'argent nécessaire pour payer ses dettes. On commença une neuvaine de prières; on lut la *Vie* de la servante de Dieu dans les classes : on suspendit sa médaille au grenier; chaque religieuse la portait sur elle : on prolongea la neuvaine qui dura quinze jours. La lutte pour la vie entre maintenant dans une nouvelle phase : à l'épreuve de la faim succède l'épreuve de la foi.

La Mère supérieure ordonna de pétrir huit corbeilles de farine au lieu de douze pour la même quantité de pain; mais à son insu, les converses chargées de l'opération ajoutèrent une certaine mesure de farine. Malgré cette supercherie, l'attente des religieuses fut trompée; on n'obtint pas le pain espéré. L'insuccès fut attribué à la désobéissance des boulangères. L'ordre fut donné de renouveler l'épreuve dans les mêmes conditions.

Ici s'ouvre un épisode qui donne à cette histoire une couleur particulière, et si on ose le dire, je ne sais quoi de piquant qui ajoute encore à son charme. Nos boulangères n'avaient pas la foi au même degré. Sœur Saint-Janvier était absolument sceptique : sans douter de la possibilité du miracle, elle ne croyait pas à sa réalisation dans l'espèce. Sœur Saint-Augustin avait plus de confiance. Sœur Saint-Janvier ne priait que du bout des lèvres, et comme contrainte par un reste d'esprit d'obéissance; l'effort était si pénible qu'elle disait : Vénérable Germaine; mais son ardeur expirait après ces paroles; et Sœur Saint-Augustin ajoutait pour elle et pour sa compagne : Priez pour nous. Le second échec ne se fit pas attendre; le rendement de la farine employée fut inférieur à celui que donnait jusque-là une quantité égale. L'angoisse était à son paroxysme. Déjà la foi de la Mère supérieure chancelait : elle était tentée de retirer ses ordres. Cependant elle contint ses émotions; la nuit venue, elle se recueillit à l'heure du grand silence; prosternée devant l'image de Germaine, elle sentit l'espérance renaître : les ordres de la veille furent maintenus.

La Sœur Saint-Janvier devenait de plus en plus nerveuse; l'agacement se peignait sur les traits de son visage. Les religieuses, un peu femmes là comme ailleurs, poussées par une sainte curiosité, allaient à l'office pour voir le miracle; elles en sortaient déconfites et semblaient en rendre la pauvre converse responsable. Alors celle-ci devint railleuse; et s'adressant à sa compagne, elle dit d'un ton ironique : « Si la Vénérable Germaine ne veut pas nous accorder de la farine, qu'elle nous donne de la pâte. » Elle ajoutait qu'en multipliant les fournées pour la même quantité de pain, on brûlait plus de bois, ce qui était une perte sèche pour la communauté. Ce raisonnement était digne d'une bonne ménagère, mais trahissait un médiocre esprit de foi.

Cependant il fallait obéir. La mauvaise humeur battait son plein à l'office : on s'exécuta de fort mauvaise grâce, par crainte des reproches de la Mère supérieure. C'est là que la Vénérable Germaine attendait notre incrédule. C'était le 1er décembre. Le matin, huit corbeilles de farine donnèrent vingt pains, et il restait encore de la pâte. Ces pains étaient plus gros qu'à l'ordinaire : ils ne continrent pas dans le four : un resta dans le pétrin.

Le soir du même jour, le miracle alla crescendo : la plaisanterie de Sœur Saint-Janvier tournait au sérieux. La pâte s'enflait comme la voile d'un navire poussée par un vent favorable : la vertu d'en haut la travaillait. En effet, quatre corbeilles de farine produisirent vingt pains ordinaires qui remplirent le four : c'était le rendement de douze corbeilles de farine. Le 6 décembre, il fallait pétrir encore. Huit corbeilles de farine additionnées avec deux corbeilles de farine miraculeuse donnèrent vingt pains. Huit autres corbeilles, avec les deux dernières corbeilles de farine miraculeuse, donnèrent vingt pains, avec un reliquat de deux corbeilles. En somme, quarante pains, qui demandaient vingt-quatre corbeilles de farine, furent obtenus avec dix-huit.

A la même heure, la farine se multipliait au grenier. Une provision qui devait durer deux mois, d'après la consommation normale du monastère, suffit pour trois mois. Dans trois cents boisseaux on en trouva quatre cent cinquante. C'était un bénéfice net de 600 francs, calculé d'après la mercuriale des grains. Tel était le présent de la vénérable Germaine au pauvre monastère désespéré.

L'allégresse fut à son comble; tous les cœurs vibraient à l'unisson : le *Laudate Dominum* retentissait à tous les coins de la maison; c'était l'hymne de la reconnaissance. Au milieu de ces transports il y avait une âme en peine : c'était la Sœur Saint-Janvier, qui ne savait où se mettre pour cacher sa confusion. Elle fuyait ses compagnes, elle évitait surtout la Mère supérieure dont elle redoutait les reproches. Pour désarmer l'opinion, elle eut recours à une petite ruse : les femmes n'en sont jamais totalement dépourvues. Elle fabriqua de petits gâteaux avec la pâte qui n'avait pas été employée, et elle les distribua à la communauté en disant : « Mes Sœurs, je vous apporte le pain du miracle; mangez-en, mangez-en. » La chronique dit que quelques sourires malins erraient sur les lèvres des religieuses. L'incrédule riait jaune; mais elle s'humilia; elle fut pardonnée et convertie pour tout de bon.

En 1847, le monastère ressentit de nouveau la gêne. C'est cette même converse qui provoqua un nouveau miracle, sans consulter sa Supérieure, ne s'inspirant que de la situation et de sa confiance désormais inébranlable. Elle mérita que le pain se multipliât entre ses mains. A Sarephta, l'huile de la veuve s'arrêta quand les vases furent pleins. A Bourges, les corbeilles manquèrent, et les pains s'ajoutaient aux pains. C'est ainsi que la vénérable Bergère se vengeait des moqueries de la sœur converse. Saint Thomas s'était écrié en reconnaissant Jésus ressuscité : « Mon Seigneur et mon Dieu ! » La Sœur Saint-Janvier, voyant les miracles succéder aux miracles, dut s'écrier : « O Germaine ! ô Germaine ! »

Le monastère de Bourges était sauvé. Les religieuses du Bon-Pasteur continuèrent leur apostolat d'un genre si touchant ; les pénitentes purent encore pleurer leurs péchés dans le silence du cloître, loin d'un monde corrompu qui les avait flétries ; les petites filles restèrent à l'abri des orages et grandirent sous le regard de leurs maîtresses, en attendant l'avenir. Que de bienfaits dans un seul !

Le pain miraculeux de Bourges fut un des degrés de l'échelle par où l'humble Bergère monta sur les autels. Maintenant qu'elle est arrivée au sommet de la gloire, sa puissance n'est pas amoindrie. Si donc il y a quelque part sur cette terre un monastère de religieuses du Bon-Pasteur qui traverse les mêmes épreuves que celui de Bourges ; si le travail n'est pas rémunérateur, si les ressources sont épuisées, si le pain est distribué avec parcimonie, si les créanciers frappent à la porte, si le fisc inexorable applique ses suçoirs à sa misère ; si, à force d'héritages, il est à deux doigts de sa ruine, qu'il se tourne vers sainte Germaine, secourable aux malheureux, et qui a dans son cœur une tendresse particulière pour les épouses de Jésus-Christ, mères des pécheresses et des orphelines.

Ainsi le pain de saint Antoine et celui de sainte Germaine se mêleront sur la table du pauvre, dressée par la charité chrétienne au milieu des égoïsmes de la société moderne, dans ce siècle de progrès et de bien-être. Quand le luxe déploie partout ses audaces, quand le bruit des fêtes insensées devient assourdissant, on meurt encore sur le seuil des théâtres et sous le porche des palais, où l'orchestre bat la mesure des danses échevelées, sans grâce parce qu'elles sont sans modestie; on ramasse dans les carrefours et le long des champs les cadavres des victimes de la faim. Bonne leçon pour la philanthropie contemporaine, paperassière, écrivassière, bavarde, vantarde, qui distribue le bien d'autrui, en se payant grassement de ses peines, et qui ne verse au budget de la misère ni une obole ni un pleur. Les saints ne sont pas jaloux; la charité les préserve d'un sentiment si mesquin. Pourquoi seraient-ils jaloux? Les malheureux forment une clientèle assez nombreuse; partagée entre saint Antoine et sainte Germaine, elle fournira à tous les deux ample matière à leurs miracles. Ils peuvent compter sur elle, car il est écrit : « Vous aurez toujours des pauvres avec vous. » Le mot serait cruel, si

Celui qui l'a prononcé ne suscitait pas des saints, pour les consoler sur la terre et les protéger du haut du ciel.

Sainte Germaine catéchiste.

« Pleine de charité envers tous, elle avait coutume d'instruire les garçons et les petites filles des mystères de la foi, les formant à la pratique des vertus selon les règles de la morale chrétienne ; tandis qu'elle soulageait les pauvres jusqu'à se priver du morceau de pain nécessaire à sa subsistance. »

(*Légende liturgique.*)

Les paroles de ce texte sont très suggestives. Dans une même phrase, sans autre solution de continuité que des virgules, on trouve le principe des œuvres admirables de notre Sainte : la charité, et les œuvres mises à la suite, sans antithèse, à savoir, l'instruction religieuse des enfants et l'assistance des pauvres. Cela veut dire que « l'homme ne vit pas seulement de pain, mais de toute parole qui procède de la bouche de Dieu. » La doctrine est pour l'âme ; le pain est pour le corps : la vraie charité ne les sépare pas. A bon entendeur, salut.

Sainte Germaine catéchiste a une parenté lointaine avec d'autres saintes, qui ont rempli la même fonction dans l'Église. Sainte Catherine, la vierge égyptienne, célèbre par sa beauté et ses vertus, étonna son siècle par la science d'inspiration qu'elle opposa victorieusement aux sophistes des écoles d'Alexandrie, alors sans rivales dans tout l'Orient. Plus près de nous, sainte Catherine de Sienne avait des disciples, qui venaient suivre ses leçons de théologie mystique, et acceptaient avec docilité les conseils qu'elle leur donnait. Sainte Germaine faisait de la philosophie et de la théologie avec le catéchisme. Elle s'adressait aux enfants de son obscur village, sur un théâtre borné par le Courbet, l'Aussonnelle et Bouconne. L'histoire devait l'ignorer à jamais, si la Providence n'avait pas trahi le mystère de sa charité.

En cela, Germaine ne désobéissait pas à saint Paul, qui défend aux femmes d'enseigner dans l'église, qui leur prescrit d'être voilées dans le saint lieu à cause des anges, et de se tenir en silence devant ces mêmes anges, c'est-à-dire les ministres, seuls qualifiés pour exposer la doctrine. Mais la nature est un temple où Dieu habite; car « les cieux racontent sa gloire, le jour la dit au jour et la nuit à la nuit. » Dans ce temple, toute âme est prêtresse ; la plus humble peut offrir son sacrifice de louanges, comme la plus petite fleur exhale son parfum ; la moins savante peut promulguer les vérités sacrées, comme le ruisseau ignoré, qui court en murmurant, chante son Créateur, et oblige ceux qui passent sur ses rives à confesser son nom.

C'est en rase campagne, aux carrefours des bois, que Germaine faisait le catéchisme. Les images qui illustrent sa *Vie* nous la dépeignent assise sur un tertre gazonné, sous une touffe d'arbres qui la protègent contre les rayons du soleil. A côté, le troupeau repose sur l'herbe avec recueillement; d'autres agneaux, garçons et fillettes, entourent la maîtresse d'école : ils regardent et ils écoutent. Saint François prêchait aux oiseaux, qu'il appelait « ses frères, » leur disant les choses que l'on sait. Saint Antoine de Padoue portait ses prônes, méprisés des méchants, aux poissons de l'Adriatique. Ne prêtons pas aux saints : ils sont assez riches. Rien ne prouve que les oiseaux se soient rendus au catéchisme de Germaine, qui ne les avait pas convoqués. Mais il n'est pas téméraire de penser que ceux qui d'aventure perchaient dans les branches des arbres et y avaient peut-être bâti leur nid, suspendaient leurs chansons, de peur que, mêlées au bruissement qui s'élève toujours d'un auditoire d'enfants, elles ne formassent un ramage qui aurait couvert la voix de la Bergère malade.

Ce que l'histoire ne dit pas, parce qu'on le devine, c'est l'accent qui accompagnait les expositions dogmatiques et les tendres exhortations de Germaine. En passant par l'âme des saints, les vérités de la religion semblent plus belles; traduites par leur parole, elles sont éloquentes sans phrase et sans artifice oratoire; car là où la foi et l'amour se rencontrent, là est l'éloquence. On aurait souhaité entendre sainte Germaine disant les mystères de la Trinité et de l'Incarnation et les autres articles du Symbole; traitant de l'Eucharistie, le pain des anges et des vierges, son pain quotidien et sa consolation, pour préparer les enfants du village à la première communion; ou lorsqu'elle les entretenait de la sainte Vierge, sa mère sur la terre comme Dieu était son père dans le ciel; ou encore lorsqu'elle récitait les béatitudes : « Heureux les pauvres; heureux ceux qui pleurent; heureux ceux qui souffrent persécution pour la justice. » Heureux aussi ceux qui assistèrent à votre prédication, ô douce Bergère !

Nous ne connaissons pas la méthode que suivait sainte Germaine dans ses catéchismes. Développait-elle un texte écrit ? Cette question en suppose une autre : Savait-elle lire? Les historiens sont pour la négative, sans autre preuve que la vraisemblance. Nous avons cru longtemps que nous avions inventé l'enseignement primaire; chaque jour les recherches des érudits nous enlèvent cette illusion. Sainte Germaine est morte en 1601 ; elle est donc très moderne. L'Église n'avait pas attendu jusque-là pour répandre l'instruction dans les masses populaires. Mais une pastourelle illettrée, qui fait de la théologie dans les bois, est plus pittoresque, plus attachante parce qu'elle est plus surnaturelle. On peut se tenir à ce sentiment, qui reste une simple probabilité. Le vicomte Roger du Faur de Pibrac, un fin dessinateur, a tranché la question en mettant dans les mains de notre aimable catéchiste une croix de bois. La croix est un grand livre, qui en a produit bien d'autres. Devant ce livre, on est d'accord pour admettre que sainte Germaine savait lire.

Si sainte Germaine avait vécu à la fin du dix-neuvième siècle, elle aurait applaudi à la diffusion de l'enseignement primaire, qui fut toujours cher à l'Église. Elle aurait béni la cantine scolaire, à condition qu'elle serait maigre le vendredi, et que tous les enfants du peuple auraient été admis au banquet de la charité municipale. Mais elle aurait regretté que des législateurs maladroits eussent rayé des programmes la prière et le catéchisme; elle aurait murmuré doucement ces paroles du Prophète : « Les petits ont demandé du pain, et il n'y a pas de mains pour le leur rompre. » Parce que le zèle des saints est prudent, elle n'aurait pas franchi le seuil des écoles sans Dieu, pour ne pas s'exposer à une amende que sa pauvreté n'aurait pas pu payer. Mais à la campagne, elle aurait attendu sous l'orme, assise sur la margelle du puits communal. Dans les villes, elle se serait placée en face de nos palais scolaires, appuyée contre un platane du boulevard, entre deux kiosques, épiant la sortie des classes, et arrêtant au passage les petits sans-Dieu, en leur disant : « Venez, petits enfants, je vous enseignerai la sagesse et la crainte du Seigneur. » En faisant ainsi le catéchisme en plein vent, elle n'aurait couru d'autre chance que de s'entendre inviter à lever la séance pour ne pas gêner la circulation.

Du moins sainte Germaine est restée la patronne et le modèle des catéchistes volontaires, qui sont nés des larmes de Rachel, inconsolable parce qu'on lui a ravi ses fils. Rachel est consolée par ces dames, par ces demoiselles, par ces vaillantes ouvrières, qui trouvent du temps pour instruire les petits déshérités de la sainte doctrine, et qui les entourent d'un zèle si touchant. Cette œuvre, ajoutée à tant d'autres, nous empêche de désespérer de l'avenir. La France catholique tire des trésors de sa foi des ressources qu'on pouvait croire épuisées. Que sainte Germaine bénisse les catéchistes volontaires.

Quand on va prier à Saint-Sernin de Toulouse, — on sait s'il fait bon prier là — dans le transept sud, on aperçoit, au milieu des œuvres ravissantes des deux Lavergne, une verrière de petite dimension qui représente sainte Germaine faisant le catéchisme. D'abord on dit tout bas : Voilà de l'art, et non pas du verre à vitre avec des magots peints, moitié cuits, moitié crus. Ensuite on ajoute : Il faudra bien une pareille verrière dans la future basilique de Pibrac. L'heure venue, les catéchistes et les catéchisés en feront leur affaire.

Auparavant, il faut bâtir.

Sainte Germaine et la vie des champs.

Je suis la fleur des champs et le lys des vallées.

(*Antienne de Laudes.*)

En 1854, pendant les fêtes inoubliables de la Bergère glorifiée, la plupart des orateurs développèrent l'opportunité du culte que l'Église venait de lui décerner. Le plus théologien de tous, Mgr Pie, évêque de Poitiers, érigea cette idée en doctrine : « Si les saints n'apparaissent pas fortuitement sur la scène de ce monde, ce n'est pas non plus le hasard qui, après leur mort, détermine l'époque de leur glorification. Dans le ciel des élus, ainsi qu'au firmament visible, c'est sur un signe du Très-Haut que les étoiles, longtemps cachées et comme endormies dans un point reculé de l'espace, accourent en criant : *Nous voici*, et qu'elles commencent de briller, pour obéir à Celui qui les a faites. » Conformément à cette doctrine, les uns présentèrent Germaine comme la patronne de notre jeune démocratie, alors impériale, devenue depuis républicaine, en attendant de s'appeler d'un troisième nom; mais qui, sous aucune de ces formes, ne paraît avoir profité de ses leçons. D'autres chantèrent la vie des champs, dont ils montraient l'idéal dans la Bergère qui passait de la chaumière sur les autels. L'évêque de Poitiers mêla ces aperçus dans son ingénieux panégyrique; il emprunta à un publiciste moderne les paroles suivantes : « Nul n'est plus satisfait de la condition dans laquelle il est né. Le déclassement prend des proportions effrayantes; la vie paisible des champs est dédaignée, et la noble simplicité de la chaumière rustique est abandonnée pour les ignobles bas-fonds de la cité[1]. » Le tableau était vrai il y a quarante ans : aujourd'hui il est plus vrai encore. Les écrivains dissertent à perte de vue sur ce sujet important; hygiénistes, économistes, hommes d'État, moralistes signalent avec un touchant ensemble les périls du mouvement qui emporte les populations vers les villes, sans savoir les conjurer. Sainte Germaine plaide la même cause : à la place des phrases elle met ses exemples.

Les témoins interrogés dans les enquêtes canoniques pour sa béatification ont déposé que, de son vivant, elle n'était jamais sortie de son pays[2].

[1] *Œuvres complètes*, vol. II, ch. XIV, p. 189.

[2] Information : *Summario*, p. 43, nº 23.

Elle ne le quitta que pour monter au ciel, en laissant ses reliques dans ce coin obscur de terre, qui les garde avec jalousie, et où elle prêche encore l'amour de la vie des champs. En 1867, date de sa canonisation, Toulouse se préparait à lui ouvrir ses portes et à lui décerner un triomphe plus éclatant que celui des rois qui avaient visité ses murs. Germaine préféra rester à Pibrac; l'archevêque s'arrêta devant sa douce résistance. Ce jour-là elle continuait à conseiller la vie des champs aux multitudes affolées, que le courant entraîne vers les villes.

Le berceau de l'humanité fut placé dans un jardin. Cette période de son histoire est demeurée la plus heureuse : elle s'appelle l'âge d'or. l'imagination des peuples s'est plu à l'embellir de fictions poétiques, comme s'ils cherchaient dans ces lointains souvenirs une consolation aux maux qui les accablent, pour bercer leurs douleurs dans une illusion dont leur faiblesse a besoin.

Nous ne sommes pas au siècle des églogues. L'esprit scientifique nous fait soupçonner les poètes de peindre des bergers qui ne sont que dans leurs vers. Ceux de Virgile ne doivent pas être vus de trop près : Corydon, en particulier, n'est pas toujours correct. Ceux de La Fontaine nous inspirent un peu de confiance, car ils parlent bon sens, ils sont espiègles, et pas innocents de reste. Ceci prouve que le péché originel a étendu ses ravages sur notre race, même sur les bergers. Les pâtres de la Bible sont plus respectables; d'abord ils existèrent. Leur vie errante à travers les pâturages de la Chaldée et de la Palestine a, dans le texte sacré, des couleurs qu'on ne trouve que là. Rachel, Séphora, Moïse à Madian, Amos de Thécué, David de Bethléem, ont pour nous un charme qui ne s'efface pas. Cependant les fils de Jacob nous attristent, quand par jalousie ils vendent Joseph, leur frère, aux marchands ismaélites. Nous gâtons tout, sans enlever sa valeur à ce que nous gâtons.

A penser chrétiennement, la vie des champs offre aux âmes un premier avantage, qui est l'obscurité. C'est la séduction secrète qui attire les âmes tendres, qui ont besoin d'aimer, qui ne trouvent pas à aimer, ou qui craignent de trop aimer ; les âmes profondes, qui vivent de pensées et d'extase; les âmes blessées, qui ne veulent que le silence pour confident de leurs larmes; surtout les âmes humbles, jalouses de plaire à Dieu seul. Voilà pourquoi les saints se cachent au fond des déserts. Telle fut sainte Germaine qui, maintenant encore, ne serait connue que des anges du ciel, si Dieu ne l'avait tirée de l'ombre où sa vie s'écoula.

Qui vous connut, fleur parfumée,
Sur cette terre de douleurs ?
Car vous étiez la bien-aimée
Dans le jardin clos du Seigneur.

Leçon bonne à recueillir, aujourd'hui peu comprise. On fuit les champs par crainte de l'oubli; on court dans les villes, où on le trouve sans le chercher. On déserte sa condition pour briller un peu plus haut. Rares sont ceux qui arrivent, plus rares ceux qui s'y tiennent. Les autres se consolent en se faisant peindre à l'huile et au pastel, avec le costume qu'ils ne porteront jamais, dans les vingt-quatre poses qu'ils ne prendront que dans leur chambre. Les plus modestes ont la ressource de la photographie foraine, qui les tire pour quelques sous; et en les multipliant plusieurs fois par eux-mêmes, leur donne l'illusion d'une importance qu'ils n'ont pas.

Oh! comme vous, humble Germaine,
Dans l'ombre je voudrais fleurir,
Bien loin du monde qui m'entraîne,
Et comme vous vivre et mourir.

Des ténors pour interpréter cette strophe, on en rencontre à chaque coin de rue. Où sont les âmes capables de la mettre en pratique? Toulouse comptait soixante mille âmes en 1825; elle en compte cent cinquante mille en 1895. Concluez.

Cependant l'obscurité a sa récompense sur cette terre : c'est la tranquillité. Il est vrai, les tempêtes sont partout, même dans un verre d'eau. Les bergers les connaissent : témoins les bergers d'Abraham et de Loth. Les villages n'en sont pas préservés. Germaine les ressentit dans sa pauvre bourgade. Ne sont-elles pas d'ailleurs dans notre cœur ? Néanmoins la vie des champs procure une somme de tranquillité qu'on n'a pas dans les villes : moins d'événements, moins de nouvelles, moins de relations, moins de conflits. La vie tourne dans un cercle étroit, uniforme et monotone, mais paisible. Les physionomies reflètent les états d'âme ; aux champs, elles sont brunies par le soleil, ridées par le travail, et sereines encore. Dans les villes, elles sont pâles, tristes et convulsées, jusque sous les attifements de la mode et les artifices des cosmétiques. Les blasés fuient ; les médecins disent aux névrosés et aux anémiques d'en faire autant.

Le goût de la tranquillité pouvait n'être qu'un calcul égoïste, non pas une vertu. La sécurité des champs en est une, ou peut le devenir. C'est la grâce surnaturelle qui a fait sainte Germaine ; la vie des champs, qui n'est pas sanctifiante par elle-même, ne l'explique pas entièrement. Cependant il faut convenir que ce vase allait bien à cette plante prédestinée. La vie des champs est pleine de pureté ; tous nos sens s'y reposent sur des objets qui les charment sans les dépraver. L'œil contemple de merveilleux spectacles ; l'oreille entend la musique des éléments ; le pied, en foulant le sol, en fait jaillir des aromes ; la main semble toucher les proportions des choses. Le péché n'est nulle part, parce que l'ordre est partout; l'obéissance des créatures aux lois du Créateur est une prédication muette et éloquente qui dit à l'homme d'observer le décalogue.

Dans les villes, tout change. Ici l'air est empesté; ceux qui le respirent s'amoindrissent quand ils ne se dépravent pas. Ici tout conspire contre l'innocence des âmes : les maximes accréditées, les exemples pernicieux, les chroniques qui circulent, les scandales qui se produisent, la gravure immodeste aux devantures, l'affiche du théâtre sur tous les murs, l'impudeur qui passe sous les panaches de la vanité, et la cantilène cynique qui retentit la nuit dans tous les Alcazars. Dans de pareils milieux, la vertu se rencontre, d'autant plus belle qu'elle est plus difficile : elle tient du miracle. Aux champs, Dieu est partout : il palpite sous chaque brin d'herbe, il rayonne dans chaque étoile, il sourd des rochers avec les eaux qui s'en échappent. Dans les villes, il ne se verrait nulle part, s'il n'était pas dans ses temples et dans les âmes pures devenues son dernier asile. Les élus sortiront de toutes les conditions, pour qu'il soit démontré que le salut fut possible à tout le monde; ils seront plus nombreux aux champs que dans les villes.

Mais peut-être êtes-vous artiste. Quoique je ne le sois pas, je puis bien vous accorder un petit bout d'esthétique, qui fait partie de notre sujet, et que sainte Germaine nous pardonnera. Si donc vous aimez le beau, il est dans les villes, mais aux champs bien davantage; dans les villes, le beau réalisé par le génie humain; aux champs, le beau créé par le génie divin. Aucun palais n'égale la majesté d'une montagne; aucune avenue édilitaire ne vaut une vallée avec le paysage qui la termine. Les plus riches tapisseries d'Aubusson, de Beauvais ou des Gobelins ne sont que bagatelles devant une prairie émaillée. Les glaces de Venise ne sont pas comparables aux miroirs des lacs endormis. On ne discute pas des goûts; mais je préfère un ruisseau limpide à un égout sonore, qui roule les immondices de la civilisation, un coucher de soleil à toutes les féeries théâtrales, même un clair de lune à un candélabre de boulevard, fût-il illuminé de cinq becs d'électricité.

A coup sûr vous êtes philanthrope, dans le sens chrétien du mot. Sachez donc que si les villes réservent des jouissances au riche, parce qu'il peut les payer, elles ne procurent guère au pauvre que des déceptions et des souffrances. Pourquoi cet ouvrier n'est-il pas resté dans son village? Il était mieux là qu'à l'usine, où il consume ses forces dans un travail ingrat et meurtrier. Sa chaumière, bâtie sur le flanc du coteau, était préférable à une chambre étroite, sans air et sans lumière, à un quatrième étage, sur une cour infecte. Les chants des oiseaux avaient plus d'agrément que le grincement des machines actionnées par la vapeur. Le pain pétri par les mains de sa mère avait plus de saveur et de bonté qu'une portion d'auberge, arrosée d'alcool de pomme de terre et parfumée au tabac de cantine.

La jeune fille surtout perd au change. Bergère, elle était heureuse de sa vertu et de sa liberté; en respirant l'air des champs, elle se chargeait de toutes les senteurs de la nature. Ouvrière, elle devient esclave, et bientôt victime du travail industriel. Dans les filatures, elle est couverte des poussières meurtrières qui tombent de la laine ou du chanvre. Dans les manufactures de l'État, elle n'est pas mieux traitée : cigarrière, elle manipule la nicotine, qui s'attache à chaque pli de sa robe, et donne à ses vingt ans une odeur de vieille tabatière; allumettière, elle joue avec le phosphore, qui rend ses blanches dents fuligineuses, en attendant d'en dégarnir ses gencives et de donner à sa bouche l'aspect d'une bouche de cadavre qui parle encore. Sainte Germaine était « la fleur des champs et le lys des vallées. » Il y a des fleurs dans les villes : fleurs de serres, captives et un peu mélancoliques ; fleurs de papier, élégantes mais sans parfum ; fleurs passées et prétentieuses encore, qui ne se montrent qu'aux clartés des lustres complices de leur vanité; fleurs de trottoir, qui ne devraient jamais se montrer, fût-ce aux lueurs douteuses des candélabres de la rue. C'est aux champs que les fleurs sont belles et les âmes aussi. Pauvre ouvrière, que n'est-elle restée la fleur de son village !

« Que le goût de la vie des champs renaisse

dans le cœur des populations agricoles[1]. » C'est la prière que la liturgie adresse à sainte Germaine. Quand les brebis sautent par-dessus la claire-voie et s'égarent dans les sentiers, s'exposant à la dent cruelle des loups, le berger lance son chien vigilant et ramène de la voix son troupeau imprudent. Qu'on érige la statue de sainte Germaine le long des chemins qui conduisent vers les villes, pour qu'avec sa houlette elle arrête les déserteurs de nos campagnes. Ce jour-là, les problèmes qui déconcertent notre sagesse seront résolus. Une fois de plus, la France sera sauvée par une bergère.

[1] Hymne de Laudes.

Sainte Germaine modèle des jeunes filles.

De son vivant, Germaine était proposée comme modèle à toutes les jeunes filles appliquées comme elle à la garde des troupeaux.
(Information. *Summario*, XX, 35.)

Le plus petit saint de l'histoire est une école, où chaque âme peut recueillir une leçon, parce que ce saint est un abrégé du christianisme, dont il a accompli tous les préceptes, en s'élevant jusqu'à l'héroïsme de la vertu. D'après ce principe, sainte Germaine est un modèle, d'un format très modeste, où tous les âges et toutes les conditions ont quelque chose à prendre. Cependant il semble qu'elle appartienne davantage aux jeunes filles, qui trouvent chez elle leur idéal. Morte à vingt-deux ans, en s'envolant au ciel, enveloppée dans le voile de sa virginité, elle a répandu dans l'Église une traînée de parfums, qui fait dire aux jeunes filles : « Marchons à sa suite, attirées par l'odeur de ses vertus. »

D'après les dépositions recueillies dans l'enquête, la servante de Dieu était proposée, encore vivante, à l'imitation des jeunes filles du village. C'était la canonisation anticipée de cette enfant, prévenue de tant de grâces et prédestinée à tant de gloire. Maintenant qu'elle brille sur les autels, dans l'auréole de son apothéose, c'est Dieu lui-même qui dit : Levez les yeux vers la douce Bergère que j'ai suscitée sur les collines de Pibrac, et conformez votre vie à la sienne.

Sainte Germaine enseigne d'abord aux jeunes filles la simplicité. Mais qu'est-ce que la simplicité ? comment définir ce qu'on ne peut décomposer ? On n'analyse pas un parfum : on le respire. On ne raisonne pas toujours la beauté : on la contemple. La simplicité est un état d'âme qui semble d'abord tout négatif. Chez l'enfant, c'est la naïveté, qui le rend si aimable ; chez la jeune fille, c'est la transparence des sentiments, l'oubli et comme l'ignorance de soi :

> Et puis, qui sait, candeur que j'admire et que j'aime,
> Si tu n'as pas fini par t'oublier toi-même ?

Alors la jeune fille ne sait rien d'elle-même, ni ses attraits, ni ses vertus. Parce qu'elle n'est pas coquette, elle n'abuse pas du miroir de toilette ; ainsi elle évite de se considérer dans le miroir d'une secrète estime, par des retours de vanité trop ordinaires à son sexe ; l'acte réflexe ne s'accomplit jamais, ni dans un calcul égoïste, ni dans un effet préparé. Son œil limpide est tourné vers le ciel ;

son oreille n'entend pas les bruits flatteurs de la terre ; portée sur les deux ailes de la simplicité et de la pureté, elle plane au-dessus des brouillards de la vie et des poussières du monde ; calme au dedans, elle répand au dehors une clarté discrète, qui lui vaut l'estime des hommes et les bénédictions de Dieu.

Qu'elle était simple l'humble Germaine, de cette simplicité qui est une vertu, non pas seulement une négation, et que l'Esprit-Saint préconise en vingt endroits des Livres sacrés ! Remplie des dons merveilleux de la grâce, qui débordaient de son âme comme d'un vase plein et ravissaient les anges et les hommes, elle seule paraissait inconsciente. Les miracles eux-mêmes ne provoquaient en elle aucun retour de vaine complaisance. Quand l'hiver remplissait son tablier de fleurs pour récompenser sa charité, c'est vers le Ciel que son regard se dirigeait ; sa reconnaissance traversait le cristal de son âme sans qu'aucun obstacle en brisât le rayon. Sa simplicité lui mérita les faveurs de l'Époux céleste, « qui résiste aux superbes et établit avec les humbles un commerce d'une touchante familiarité, » avec les consolations qu'elle goûtait au milieu des épreuves de sa destinée cruelle.

Sainte Germaine est ensuite un modèle de pureté.

Châteaubriand a fait de la fleur la description suivante : « La fleur donne le miel ; elle est la fille du matin, le charme du printemps, la source des parfums, la grâce de la vierge, l'amour des poètes; elle passe vite comme l'homme, mais elle rend doucement ses feuilles à la terre[1]. » Tertullien a défini la pureté en ces termes : « La pureté est la fleur des mœurs, l'honneur du corps, l'ornement des sexes; elle entretient l'éclat et la vigueur du sang, elle fait durer les races, elle est le préliminaire de toutes les vertus[2]. » A la place de la fleur de nos jardins mettez la fleur de pureté, et les deux définitions de l'écrivain français et du moraliste africain ne sont pas sans quelque analogie.

Au fond d'une âme pure, comme dans le calice d'une fleur, on trouve du miel, c'est-à-dire un composé exquis de sentiments délicats et de pensées célestes, travail mystérieux de la nature et de la grâce, la grâce corrigeant la nature, où par une chimie qui n'est pas de la terre, se forme une liqueur dont s'abreuvent les anges.

La pureté est la fille du matin, parce que le soleil de la vie ne flétrit pas les pensées de l'enfance. Elle est encore la fille du soir, soit que la vertu lui prête son ombrage, soit que les larmes lui rendent son éclat primitif.

La pureté est le charme du printemps, c'est-à-dire de la jeunesse, âge heureux, plein d'aspi-

[1] *Le Génie du christianisme,* t. I, ch. XI, p. 135.
[2] *De Pudicitia.*

rations, de rêves et d'espérances, souvent troublé par les orages, et à qui il manque quelque chose quand la pureté ne couronne pas son front.

La pureté est la source des parfums, de ceux qui embaument la vie, qui s'exhalent au foyer domestique et en font la porte du paradis ; qui se répandent dans les mœurs, qui leur donnent leur dignité, et font les grands siècles. La mondanité ne répand que des odeurs, celles des flacons et celles des vices.

La pureté est la grâce de la vierge : ni la jeunesse, ni la beauté, ni la mélodie de la voix, ni l'habileté de la main qui tient le pinceau ou qui court sur le clavier, ni la parure, ni l'audace du visage, pas même les brevets conquis dans les joutes scolaires, ne sauraient la suppléer.

La pureté est l'amour des poètes. Les poètes ont tout chanté, même le péché. La muse antique n'était pas scrupuleuse ; la muse moderne a ses écarts. Les poètes ont rendu hommage à la pureté, quand ils l'ont rencontrée sur leur chemin ; ils l'ont immortalisée en des vers immortels. Mais les prophètes d'Israël les ont surpassés. La vierge chrétienne n'a pas besoin qu'une lyre étangère lui dise ce qu'elle est.

La fleur de pureté ne passe pas comme l'homme, dont le berceau touche la tombe. Ses racines sont au ciel, ses feuilles sont toujours jeunes. Le Sage a célébré sa beauté et déclaré que « sa mémoire est éternelle auprès de Dieu et des hommes. »

Sainte Germaine était une fleur de pureté. Rien n'est touchant comme de voir défiler dans l'enquête les vieillards de Pibrac, qui viennent rendre témoignage à sa vertu. L'un dit : « J'ai souvent entendu raconter que sa vie fut très pure, et qu'elle se tint éloignée du plus petit léger péché. » L'autre dit : « J'ai toujours entendu affirmer que la pieuse Germaine avait conservé l'innocence baptismale. » Un troisième ajoute : « Si la belle vertu de chasteté a brillé chez la servante de Dieu d'une si vive splendeur, c'est qu'elle était accompagnée d'une grande mortification des sens. » Celui-ci déclare que « selon l'opinion commune, elle avait conservé jusqu'au bout l'innocence du baptême. » Celui-là prononce le panégyrique de la Sainte, en répétant ce qu'il avait ouï dire tant de fois, qu'elle ne s'était rendue coupable d'aucune faute, même la plus légère [1]. C'est le cantique de la tradition; ce sont les générations écoulées depuis deux siècles, qui semblent se lever de la tombe pour saluer la chaste jeune fille et lui tresser une couronne plus belle que la couronne d'épis de blé qui nimbait sa tête, respectée de la mort. Comme si Dieu avait voulu faire de l'intégrité de sa chair le symbole de la virginité de son âme.

La simplicité n'est plus qu'un souvenir à notre époque raffinée et quintessenciée. L'art, — je veux

[1] Information. *Summario*, pp. 18-19.

dire l'artifice, — s'est glissé dans tous les détails de la vie, depuis la contexture des étoffes et la composition des denrées, jusqu'à l'expression des visages. Tout est surface et apparence. Les âmes ont perdu la sincérité avec le désintéressement; l'amour de soi a dévoré les sentiments les plus tendres; le savoir-faire a succédé aux vertus d'un autre âge, en respectant à peine le savoir-vivre. Quand les relations deviennent scientifiques, elles sont vite fatigantes. Oh! si la simplicité chrétienne pouvait renaître, quel soulagement elle nous apporterait! Mais si nous sommes trop vieux pour nous rajeunir, si la simplicité est à jamais bannie de notre société, puissions-nous du moins la retrouver dans l'âme des jeunes filles.

Les jeunes filles se tiendraient pour outragées si on leur démontrait la pureté; il suffit de la leur montrer, et de dire de quelles précautions sainte Germaine l'entourait.

La prudence est la gardienne de la pureté. L'*Information* établit surabondamment que sainte Germaine la pratiqua avec une rare perfection. Cette vertu se manifesta chez elle par la fuite de l'oisiveté. A l'école du Saint-Esprit, elle en avait appris les périls; car la vigne du paresseux est couverte de ronces; les bêtes fauves la traversent. C'est pourquoi elle tenait le jardin de son âme fermé aux mauvaises inspirations de la nature, n'y donnant accès qu'à l'Époux céleste[1]. Les jeu-

[1] *Commentaire de sa vie,* pp. 11, 12, 13.

nes filles savent par expérience que la désœuvrance est la mère des rêves ; et que si cette balançoire n'est pas sans quelque charme, elle n'est pas sans danger. Le travail prévient les écarts de l'imagination et les petites folies du cœur.

On loue encore chez sainte Germaine le goût de la solitude, où une voix intérieure l'appelait. Elle pouvait le satisfaire aisément, car sa vie s'écoulait dans les champs. Mais elle s'était fait un désert dans le désert, évitant la compagnie des bergères qui gardaient les moutons à ses côtés[1]. Ce n'était pas de la sauvagerie : elle était aimable la douce Germaine ; c'était l'instinct de la sainteté, qui évite toute occasion de mal. Avis aux jeunes filles, qui étouffent dans leur chambre, qui ne se plaisent que dans les centres de la mondanité, et se donnent l'illusion du plaisir, même loin du plaisir, un roman à la main et des fantômes dans la tête.

L'*Information* détaille davantage l'attrait de sainte Germaine pour la solitude, en insistant sur son amour du silence. Comme elle craignait les périls de l'oisiveté, elle évitait ceux de la « garrulité. » On regretterait que ce mot, quelque peu archaïque, ne fût pas français, tant il a d'harmonie imitative ; tant il rend bien l'intempérance de la langue, assez ordinaire chez la femme. Ce n'est pas le gémissement de la colombe, ni les

[1] *Ibid.*

vocalises du rossignol, ni le roucoulement du ramier, ni le tirelire de l'alouette : c'est quelque chose comme le cri de la pie, ou les indiscrétions de la perruche, qui provoque les passants du haut de son perchoir. La servante de Dieu préférait le silence, qui nourrit l'âme au-dedans, qui en concentre les parfums et favorise son commerce avec Dieu. Celle qui gémit dans l'oraison, qui pleure ses fragilités au sacré tribunal, qui chante au temple les cantiques du Seigneur, et qui se tient silencieuse dans son intérieur, penchée sur son travail : c'est la jeune fille comme il faut. Celle qui s'abandonne à la « garrulité » dans les cercles bruyants, et n'échappe pas toujours aux témérités du langage : c'est la jeune fille comme il ne faut pas.

Simplicité, pureté, prudence : voilà sainte Germaine. La prudence gardait sa simplicité et sa pureté : c'était le lys au milieu des épines. Modèle gracieux, suscité de Dieu tout exprès pour les jeunes filles de la ville et de la campagne. Au dernier siècle, les princesses jouaient aux bergères ; c'était le temps où Florian écrivait ses églogues, où Rousseau chantait l'homme de la nature. Ce n'étaient que scènes rustiques sur les panneaux des salons, sur l'imposte des portes, et dont les tapisseries de nos vieux châteaux gardent encore la trace. On sait comment finit cette pastorale touchante et presque ridicule. Aujourd'hui nos élégantes n'accepteraient pas la quenouille de sainte Germaine, si ce n'est un quart d'heure, dans un rôle de comédie privée, pour briller encore à travers la filasse; ni son chapelet qui n'était pas en cornaline; ni sa croix de bois, qui serait pour leur gorge un ornement peu décoratif. Si au moins elles pratiquaient ses vertus. A la campagne, sainte Germaine pourrait plus aisément être imitée; mais les bergères jouent aux princesses, avec leur savanture exagérée et leur luxe de clinquant.

> Telle qu'une bergère au plus beau jour de fête,
> De superbes rubis ne charge pas sa tête,
> Et sans mêler à l'or l'éclat des diamants
> Cueille en un champ voisin ses plus beaux ornements;
> Telle, aimable en son air, mais humble dans son style,
> Doit éclater sans pompe une élégante idylle.

La jeune villageoise devrait être une idylle vivante. Nous n'en sommes pas là.

Sainte Germaine est notre sœur : son nom le dit avec tant de suavité. Elle est surtout la sœur des jeunes filles, qui se montrent jalouses de sa gloire, et se distinguent sur les listes de souscription par la générosité de leurs offrandes. Elles feront mieux encore, si elles conforment leur vie à celle de l'aimable modèle que Dieu leur a donné. « O Germaine, s'écrie la liturgie de sa fête, que nos jeunes filles soient semblables à vous; » comme vous simples, comme vous pures, comme vous prudentes. Alors elles vous glorifieront, mieux encore que par les pierres qu'elles apportent à votre Basilique.

Popularité de sainte Germaine.

> Dieu lui donna la gloire du ciel, qu'elle lui demandait ; et par surcroît, couronnant son humilité, il voulut y ajouter la gloire de ce monde, à laquelle elle ne songeait pas. Il la lui donna pleine, abondante, *populaire.*
>
> (Louis Veuillot, *Vie de la B. Germaine.*)

La popularité, qui est une forme de la gloire, ne l'accompagne pas toujours. Il y a la gloire des sommets, solennelle et froide, qui attire les regards d'un petit nombre; et en restant impérissable, ne retentit guère que dans les cénacles du monde. La popularité est plus rayonnante; elle descend dans les masses profondes, qu'elle émeut, qu'elle passionne, et met à la même heure dans les cœurs et sur les lèvres un nom béni, qui appartient à tous. Sainte Germaine l'a obtenue.

Sa popularité à Toulouse n'étonne pas. Toulouse est une ville heureuse, qui aime tout ce qu'elle a, même le clocher de Saint-Étienne.

Le grand fleuve qui baigne ses murs chantait longtemps avant Mengaud :

> O moun païs, ô Toulouso! ô Toulouso!
> Qu'aimi tas flous, toun cel, toun soulel d'or.
> . . . .
> Qué iou soun fier de tas academios.
> . . . .

Ses annales conservent la mémoire de ses enfants les plus illustres ; elle leur a fait place dans son Capitole, qui semble bâti exprès pour eux : jurisconsultes, magistrats, historiens, poètes, peintres, sculpteurs, soldats, lui composent un patrimoine de gloire, dont elle est fière et jalouse. Toulouse la sainte garde surtout ses saints et ne permet pas « qu'un seul de leurs ossements périsse ; » elle a mis dans ses armes la Basilique fameuse où ils reposent, entourés du culte des siècles.

Mais parmi toutes ces gloires du passé combien y en a-t-il qui soient populaires ? Cujas, Guy du Faur, Duranti, — malgré sa mort tragique, — sont connus au palais. Catel, Lafaille, Dom Vaissette, défraient les conversations des érudits. Les deux Rivals, Chalette, De Troy, Despax, Lucas, sont honorés au Musée et à l'École des arts. Molinier passe inaperçu ailleurs qu'aux Jeux-Floraux. Goudelin doit à ses gaudrioles, plus qu'à ses vers, que son nom soit prononcé par les bonnes femmes. Clémence Isaure, la dame légendaire, qui fuit comme Galatée devant la critique, sans permettre qu'on touche à un pli de sa robe, se contente des hommages de ses troubadours. Les salons font le reste. Sainte Germaine, la bergère, est seule en possession d'une véritable popularité.

Cette popularité a franchi les limites du pays toulousain, pour prendre un caractère national. Sainte Germaine est une des trois bergères dont la France se glorifie. Les trois bergères se donnent la main à travers les siècles : qui les séparera ? « C'est cette pauvre enfant qui est la gloire de la patrie; c'est elle qui donne un impérissable éclat à l'humble lieu où elle est née. Elle prit rang dans les fastes nationaux, après saint Saturnin l'apôtre, après saint Exupère le grand évêque. Toutes les royautés et les puissances de son temps, les sceptres, les épées, les livres s'abaissent devant sa houlette. » — Sans contredire Louis Veuillot, sans toucher à la hiérarchie des saints, quel que soit le prestige du fondateur de l'église de Toulouse et de son successeur, qui faisait reculer les barbares et nourrissait les pauvres en vendant ses calices, il est permis de dire que lorsque la procession des Corps-Saints, aujourd'hui consignée sous les voûtes de l'insigne Basilique, traversait les places publiques, si nos vieux évêques recueillaient sur leur passage des témoignages de respect et de reconnaissance, c'est la châsse de sainte Germaine qui fait courir dans la foule le frisson de l'amour, et lui arrachait ce cri spontané : Sainte Germaine !

Quelles sont les causes de sa popularité ? On craint de gâter cette douce figure, en y portant le scalpel. Cependant l'analyse, qui en détaillera les lignes, ajoutera encore à l'émotion qu'elle nous cause, et dont tous ne se rendent pas compte.

La nature et la grâce se sont rencontrées et fondues pour composer notre aimable Sainte. Chez elle, les dons de la nature sont bien mêlés ; presque tous sont cruels. La nature fut sa première marâtre. En la laissant vivre vingt-deux ans, elle mit à son front la double couronne de la jeunesse et de la virginité. Quelle jeunesse que la sienne, sans joie, sans caresses, sans rêves d'avenir, sans autres bijoux que ses scrofules, sans autre parure que sa robe déchirée par les ronces, et belle seulement de pureté ! Ce fut une jeunesse sans poésie. Cependant elle a une poésie pour nous, la poésie de la jeunesse, cet âge privilégié, qui nous attire, même quand la vertu ne lui prête pas ses charmes, sans que nous puissions dire pourquoi. Les sentiments les plus profonds sont ceux qu'on ne peut pas raisonner. Sainte Geneviève mourut à quatre-vingt-neuf ans, sainte Germaine à vingt-deux ans. Au hasard de dire une chose trop humaine, il semble qu'il manque à la bergère de Nanterre ce que nous trouvons et aimons chez la bergère de Pibrac.

Un autre attrait, c'est sa faiblesse, faiblesse de

l'âge, du sexe et de la condition. Tout manqua à la pauvre Germaine de ce qui a coutume de donner à une existence l'éclat et l'influence ; elle eut tout ce qu'il faut pour n'être rien, pour ne faire aucun bruit, et passer inconnue comme l'eau d'un ruisseau, comme une fleur des champs, qui naît et meurt sans témoins. Dieu s'incline vers la faiblesse ; c'est pour elle qu'il réserve ses grâces de choix, a elle qu'il accorde sa familiarité : « Dieu a choisi les faibles de ce monde pour confondre les forts. » Nous obéissons à cette loi d'amour. La force provoque le respect ou la crainte, souvent la jalousie, jamais la sympathie. C'est pour la faiblesse que nous avons des faveurs.

Le malheur est plus puissant que la faiblesse ; mérité, il nous attendrit encore ; immérité, il devient irrésistible. C'est le secret de la popularité des martyrs. Nous savons par cœur les malheurs de sainte Germaine, qui permettent de la ranger parmi les vierges martyres. Seulement chez ses sœurs latines, les Luce, les Agathe, les Cécile, les Agnès, le malheur est dramatisé : il a des arènes pour théâtre, les cités romaines pour témoins, les proconsuls pour ordonnateurs, et quelquefois César pour président. La mise en scène ne lui enlève ni ses rigueurs ni sa beauté morale ; mais l'éclat qui l'entoure semble être une première récompense. Le martyre de sainte Germaine, lent et obscur, au fond d'une chaumière, sous un escalier, entre un père sans entrailles et une méchante femme, sans autres témoins que les anges du ciel, sans autre consolation que la croix du chemin : sous cette forme, le malheur semble plus le malheur, car il est seul.

Il n'y a pas jusqu'au genre de vie qui n'ait contribué à rendre sainte Germaine populaire : elle était bergère. Ici il y a de la poésie pour l'imagination. Cependant il ne convient pas de parler des saints en simples paysagistes, et de ne tirer de leurs vertus que des pastels. La vie pastorale est le symbole de l'innocence; elle se déroule dans un cadre qui achève de la rendre gracieuse : voilà pourquoi elle a été tant chantée. Quand la sainteté la consacre, elle donne à la sainteté une nuance accidentelle qui séduit. Sainte Élisabeth de Hongrie, debout sur les rampes de la Warbourg, tandis qu'elle lave les pieds des lépreux, et qu'elle va vers les pauvres, le tablier plein de pains et le cœur débordant de charité, est un tableau qui ravit toutes les générations. Sainte Germaine, à la tête de ses agneaux, sur les lisières de la forêt de Bouconne, occupée à filer sa quenouille, le chapelet à la main, s'arrêtant quelquefois pour prier à genoux au son de l'*Angelus*, est un autre tableau sur lequel le regard repose avec complaisance. Mais sainte Élisabeth était reine : sainte Germaine était bergère; entre les deux, à respect égal, de quel côté penchez-vous ?

C'est la part de la nature. Voici celle de la grâce.

Dieu accorda à sainte Germaine les dons surnaturels en plus grande abondance. Les dons de grâce sanctifiante dont elle fut remplie ont un cachet particulier. Ses vertus, très surnaturelles dans leur principe, sont simples et quasi naturelles dans leur matière et leur développement : le symbole professé avec foi, le décalogue observé avec fidélité, la croix portée avec courage, telle est la forme de sa sainteté. Ni extases, ni ravissements, ni envolées mystiques, ni jeûnes miraculeux, ni mortifications héroïques, rien qui rappelle le moyen âge, ni la dévotion espagnole ou italienne. Cette sainteté, de l'école de saint François de Sales, et qu'on peut appeler moderne, n'effarouche personne; elle est au niveau des foules, qui s'y retrouvent, et croient pouvoir l'imiter aisément. La modestie des vertus de sainte Germaine, pourtant si grandes, lui a valu de la popularité.

Dieu, qui avait ses desseins sur sa servante, lui communiqua les dons gratuits avec plus d'avarice. Ainsi il lui refusa le don de prophétie. Il ne l'orna pas du don de science : tandis que les Gertrude, les Thérèse, les Brigitte écrivaient les révélations dont elles avaient été favorisées, elle enseignait le catéchisme. Elle fit des miracles, mais ces miracles étaient simples par leur objet : sa quenouille garde les moutons; le pain de sa charité se change en fleurs dans un pli de sa robe; le Courbet suspend son cours pour la laisser passer. Ces miracles ne sortent pas d'une certaine gamme; ils sont rustiques, gracieux, mais modestes; il n'y a pas de mise en scène, le monde n'est pas remué; l'effet immédiat est nul. Des miracles d'un autre ordre auraient augmenté sa gloire, non pas sa popularité. Dieu ne l'employa pas à des missions éclatantes, pour les intérêts supérieurs de l'Église ou de la France, comme autrefois il avait envoyé Catherine de Sienne au Pape à Avignon, et Jeanne d'Arc à Charles VII. Dieu aurait pu l'envoyer à Toulouse, un rameau d'olivier à la main, pour arrêter les massacres des huguenots et des ligueurs, ou à Mazères, pour dire au roi de Navarre, en conférence avec Montmorency, de cesser une guerre impie, qu'il soutenait avec tant de vaillance, et d'abjurer le calvinisme, afin de s'asseoir sur les lys de France. Dieu la laissa à Pibrac derrière son troupeau. Jusqu'au bout, sa destinée s'accomplira : elle restera humble et cachée; ce qu'elle perdra en éclat, elle le gagnera en popularité. Les foules se recherchent jusque dans les saints : elles aiment ceux qui leur ressemble.

L'Église acheva l'œuvre de la nature et de la grâce. L'Église s'entend à honorer les saints, en les entourant d'une gloire qu'aucune gloire humaine n'égale : elle leur assure assez souvent la popularité. C'est sous la coupole de Saint-Pierre, en présence de quatre cents évêques accourus de tous les rivages à la voix de Pie IX, pour célébrer la mémoire dix-huit fois séculaire des Apôtres

Pierre et Paul, au milieu de cent mille pèlerins qui parlaient toutes les langues, aux acclamations de l'univers entier représenté par ses pasteurs, qu'elle fut proclamée sainte. Elle partagea cet honneur avec les martyrs de Gorcum, avec Pierre d'Arbues, Josaphat le Ruthène, Paul de la Croix, Léonard de Port-Maurice, et Marie-Françoise des Cinq Plaies. L'Espagne, l'Italie, la Hollande, la Pologne tressaillèrent d'allégresse. Dans ce sénat, notre Bergère était la plus humble : c'est chez elle que le contraste était surtout saisissant entre l'obscurité de la veille et les splendeurs du lendemain. Elle était là pour la France : la France le lui rendit.

Le peuple s'en chargea : c'est lui qui donne la popularité. Pendant trois jours inoubliables, avec ses maisons pavoisées, ses rues enguirlandées, ses clochers embrasés, ses fontaines lumineuses, ses temples ornés de festons magnifiques, la majesté des pontifes, l'éloquence des orateurs, l'enthousiasme des foules vibrant à l'unisson, Toulouse, mère heureuse, faisait écho à Rome. Sainte Germaine, enveloppée dans cette double tendresse, arrivait à l'apogée de sa popularité. Cette popularité dure encore : c'est elle qui bâtira la Basilique de Pibrac.

Bibliographie de sainte Germaine.

Son nom passera de génération en génération. Les peuples raconteront ses vertus, et l'Église redira sa louange.
(*Eccle.* c. 39.)

SAINTE Germaine a sa littérature; elle, qui peut-être ne sut ni lire ni écrire, a inspiré des livres qui honorent leurs auteurs, qui édifient les âmes, et sont restés comme le monument de ses vertus, destiné à les transmettre à la plus lointaine postérité.

On ne parle pas ici des panégyriques que les orateurs sacrés ont prononcés en son honneur sur les chaires des basiliques et dans les modestes églises des hameaux. Si on les additionnait, à eux seuls ils composeraient plusieurs rayons de bibliothèque. Il n'est ici question que de l'histoire, cette voix du passé, qui retentit dans l'avenir. On a dit que le jour où sainte Germaine fut élevée de terre dans l'église de Pibrac, ce fut sa première résurrection. On a dit vrai, car ce jour là elle entra dans l'histoire, qui la fit vivre d'une vie dont elle n'avait pas vécu — même avant sa mort — la vie de la gloire. Pendant longtemps elle n'eut d'autres historiens que les habitants de son village, qui racontaient dans les champs, et le soir autour de l'âtre de famille, les merveilles que Dieu accomplissait en faveur de sa servante. Mais à mesure que le bruit de sa sainteté se répandait et que les miracles se multipliaient, les curés de Pibrac composaient en silence des Mémoires, qui étaient comme les *Actes* de la sainte Bergère. Ces Mémoires demeurèrent ensevelis dans les archives de la paroisse jusqu'à ce que l'heure de Dieu sonnât. C'étaient les matériaux de son histoire.

Le premier qui les mit en œuvre fut Jacques Francès, enfant de Cornebarrieu, qui dut bien souvent remonter le cours de l'Aussonnelle pour venir vénérer les reliques de Germaine, mêlé à la foule des pèlerins, dont le concours augmentait chaque jour, et être témoin des miracles qui s'opéraient. Jacques Francès, devenu prêtre, fut nommé à la cure d'Auriac, en Lauraguais. Il avait de la culture; il fonda une école presbytérale, où il donnait des leçons aux jeunes aspirants au sacerdoce. Il fonda encore un établissement de jeunes filles, qui jeta un certain éclat, et lui valut les encouragements de Charles Loménie de Brienne, archevêque de Toulouse. C'est en 1764 que Jacques Francès écrivit la *Vie de Germaine Cousin*, œuvre rudimentaire, en 56 pages in-18, avec épître dédicatoire au comte de Pibrac; œuvre modeste comme la Bergère, sans apparat de style, sans luxe typographique. Elle a été réimprimée à Muret en 1833, et à Toulouse, chez Douladoure, en 1844. C'est le premier livre écrit en l'honneur de Germaine Cousin par son compatriote : il a le parfum des souvenirs lointains : il offre l'intérêt qui s'attache aux origines. Ce livre devait en inspirer bien d'autres plus savants, plus documentés, qui cependant ne l'ont pas fait oublier.

La béatification de Germaine Cousin fut le signal et comme le point de départ d'un mouvement historique considérable par le nombre des œuvres et par leur valeur relative. Cet événement arriva en 1854 : nous avons plusieurs histoires qui sont de cette date.

La plus célèbre est celle de Louis Veuillot. On éprouve une impression heureuse, qui va jusqu'à l'émotion, en voyant les actes et les vertus d'une pauvre bergère célébrés par un écrivain de marque, déjà rangé parmi les plus illustres, par un athlète de la presse, qui se mesurait, à Paris, avec toutes les puissances de la littérature, de la science et de la politique; qui livrait des combats épiques à toutes les erreurs et dénonçait tous les scandales à ses risques et périls; qui s'était fait un renom de violence polémique, que d'autres appelaient du courage; qui paraissait sans cœur, tant il était terrible dans l'attaque, et sans onction, tant il était hardi dans son langage journalistique. Mais comment s'étonner ? Le génie ne s'honore-t-il pas en écrivant la vie du plus petit saint du paradis ? Ce n'est pas le seul cas qui révélait chez le grand écrivain des contrastes qu'on ne rencontre que dans les belles natures, d'une envergure assez large pour atteindre à toutes les extrémités.

Louis Veuillot raconte, dans l'*Avertissement*, quelle fut l'occasion du Livre que nous lui devons : « L'auteur de cette Notice l'a écrite en accomplissement d'une promesse, presque d'un vœu, qu'il avait faite à Rome, occupé d'une grande affaire, pour la conclusion de laquelle le secours de la bienheureuse Germaine fut souvent invoqué. » Ce langage discret fait allusion à un des événements ecclésiastiques les plus considérables du siècle. Le journal *l'Univers*, qui était devenu le grand organe catholique, l'organe de l'école nouvelle en réaction contre le gallicanisme et la Révolution, et pour ces causes béni de Pie IX, avait des défauts sans doute, et des qualités pires que des défauts. Il avait déplu à une partie de l'épiscopat français ; une conspiration s'était ourdie contre lui : Mgr Sibour, l'archevêque déséquilibré de Paris, avait servi les rancunes des mécontents, en lançant l'interdit sur le vaillant journal. Le cas était nouveau en droit canon : l'ennemi était fort par les positions qu'il occupait. Louis Veuillot partit pour Rome ; on sait comment finit l'affaire. Mgr Sibour retira sa sentence : l'*Univers* triomphait. Cet épisode était à raconter à propos de la *Vie de la B. Germaine.* David s'avança vers Goliath avec une fronde. Louis Veuillot marcha contre le géant de Paris avec la houlette de la Bergère.

Louis Veuillot fait précéder son Livre d'une introduction en 64 pages sur l'église de Toulouse, depuis son origine jusqu'à la fin du seizième siècle, en s'appuyant sur l'annaliste Lafaille. Ce coup d'œil historique, solennel, et sans proportion avec la destinée d'une pauvre bergère, produit par contraste un heureux effet. « Encore que notre Bienheureuse n'ait été en rien mêlée aux affaires de son temps, ni pour ainsi dire à aucune chose humaine, ayant passé sur la terre comme une de ces humbles fleurs, qui s'épanouissent dans l'épaisseur des prés et qui se fânent du matin au soir, après avoir fleuri un jour pour les seuls regards de Dieu, il convient cependant de dire un mot de son sol natal, et d'indiquer au moins ce qui se passait alors dans le monde. On y verra davantage combien Dieu est bon pour son peuple et combien il est admirable dans ses saints. » — Ces pages magistrales servent de fond à la douce figure de Germaine, sans la dévorer. La vie est racontée en 70 pages, simples, sereines, émues, sans autre mélange que de belles réflexions de Bossuet, et les cris de l'âme de l'éminent écrivain, qui sont aussi une philosophie très élevée. Il y a mis toutes ses qualités, mais la suavité pieuse domine : c'est l'idylle de la souffrance.

La seconde partie contient la vie posthume de la Bienheureuse, ses miracles, la postulation de sa cause, où Louis Veuillot a inséré des épisodes dramatiques qui enlèvent au récit son aridité. Son œuvre, la plus complète avant la canonisation, qui a obtenue des éditions en divers formats, est restée la plus éloquente par l'accent, la plus littéraire par la forme. Elle n'a pas été surpassée.

A la suite de Louis Veuillot, d'autres écrivains consacrèrent leur talent à la gloire de notre Bergère. En cette même année 1854 parut un livre intitulé : *La Vénérable Germaine Cousin*, par Mgr Postel, auteur d'un grand nombre d'ouvrages ascétiques; in-18, 104 pages. En Italie, le P. Joseph Boero, jésuite, nous donnait l'*Histoire de la Vie et des Miracles de la B. Germaine Cousin* : in-4°, 156 pages.

En même temps, Salvan donnait la seconde édition de son *Histoire*. Elle est de beaucoup la plus intéressante, avec des détails qui ne sont pas tous chez Louis Veuillot. Salvan, c'est l'abbé toulousain dans son aimable réalité; prédicateur fluide, écrivain fécond et facond, chercheur, bibliophile, amateur d'art, archéologue, il était doué des qualités requises pour un travail aisé, sans profondeur, non pas sans mérite. C'est lui qui a le mieux dessiné le cadre de la vie de la

Bienheureuse, sans sortir de Pibrac. Il sait les du Faur par cœur : leur généalogie, leur blason, leur château, leur fortune, leurs alliances, leur rôle historique; rien ne lui échappe. Guy du Faur a surtout fixé son attention. Il lui dédie son œuvre en grand style lapidaire :

A LA MÉMOIRE
DE GUY DU FAUR DE PIBRAC,
CONSEILLER AU PARLEMENT DE TOULOUSE,
JUGE-MAGE DE LA MÊME VILLE,
DÉPUTÉ DE CHARLES IX AU CONCILE DE TRENTE,
AVOCAT GÉNÉRAL AU PARLEMENT DE PARIS,
CONSEILLER D'ÉTAT, PRÉSIDENT AU MÊME PARLEMENT,
CHANCELIER DE LA REINE MARGUERITE DE NAVARRE,
AUTEUR DES « QUATRINS MORAUX. »

Comme c'est l'abbé du dix-huitième siècle au milieu du dix-neuvième! Il emprunte au même Guy du Faur l'épigraphe de son histoire :

Les biens du corps et ceux de la fortune
Ne sont pas biens à proprement parler :
Ils sont sujets à maintes changements,
Mais la vertu demeure toujours une.

(*Quatrins moraux,* 25e Question.)

Ça sent son Plutarque de loin. C'est la note de la Renaissance. Notre abbé aurait pu mettre à la place un texte de l'Écriture Sainte; mais il aurait eu moins de couleur locale.

Salvan, archéologue, héraldiste, est encore historien. Après avoir décrit le château de Pibrac, il raconte la vie qu'on y menait, les visites princières, celle de Catherine de Médicis en route pour Nérac, où elle allait signer la paix avec le roi de Navarre, et la brillante réception que Guy du Faur lui ménagea. Il groupe très naturellement autour du château les événements contemporains du Midi de la France. Ni les fêtes princières, ni le drame sanglant de la guerre ne voilent tout à fait la pauvre Bergère, qu'on aperçoit dans le fond du tableau, et dont l'humilité contraste avec l'éclat et la pompe des cortèges qui passaient dans son village.

Salvan, très détailleur par tempérament, n'omet rien de ce qui a trait à la vie posthume de la B. Germaine, depuis son exhumation en 1644, jusqu'à sa béatification en 1854. En rendant hommage, dans sa préface, à Louis Veuillot, il ajoute au récit du rédacteur de l'*Univers* des faits inédits. C'est ainsi qu'il rapporte tout au long la part des du Faur de Pibrac dans le procès de béatification de Germaine, et qu'il raconte amplement le pèlerinage à son tombeau des princesses de France et d'Espagne, à peine indiqué avant lui.

Par où l'on voit que si Salvan reste au dessous de Louis Veuillot sous certains rapports, son travail garde une vraie valeur au point de vue historique. On a reproché à l'auteur quelques inexactitudes : il en échappe aux plus habiles. On peut relever encore chez lui des défauts de rédaction et des incorrections de style. Ceci prouve qu'un académicien ne parle pas toujours en français irréprochable. Mais ces taches sont légères : on ne les aperçoit qu'à la loupe. Salvan mourut en 1864 : son Livre est demeuré incomplet ; d'autres devaient en combler les lacunes.

En 1866, Emile Benezet publia une *Vie de la B. Germaine*; in-12, 113 pages. C'est une œuvre modeste comme son auteur. Il déclare, dans une préface touchante, qu'il écrit pour édifier. Il s'excuse d'écrire après Louis Veuillot, si éloquent dans sa simplicité ; après Salvan, si érudit, historien et archéologue. Il débute par un léger crayon du pays de Pibrac ; il continue par la narration dépouillée d'artifice des vertus et des miracles de la Bienheureuse : le tout accompagné de réflexions pieuses qui vont au cœur. Il ne s'est permis d'autre ornement que six lithographies représentant l'église de Pibrac, le château, la ferme de Laurent Cousin, le chêne de la Bergère, le Courbet, le château de dame de Beauregard. Au demeurant, pas de cadre historique, pas d'allusion aux événements contemporains, ni considération d'aucune sorte. Le pieux écrivain se cache derrière la Bergère, jaloux d'atteindre son but, qui est de la faire connaître et aimer des humbles de ce monde pour qu'elle console leurs douleurs.

C'est avec respect que je trace ces lignes à la mémoire d'un homme de bien, qui fut un caractère, qui employa sa vie à la défense des nobles causes, et sut leur rester fidèle jusqu'au bout. C'est entre deux articles d'un journal consacré à soutenir la religion et les véritables traditions françaises, que Bénézet a rédigé la *Vie de la B. Germaine.*

La canonisation valut à sainte Germaine de nouveaux ouvrages, qui continuaient les précédents en les complétant. L'année 1894 a vu paraître l'*Histoire de sainte Germaine,* par M. Edmond Duplessier, in-8°, composé au profit de l'asile *Sainte-Germaine,* à Paris, édité par Retaux.

Nous connaissons mieux le gracieux volume intitulé : *Aux Pèlerins de Sainte-Germaine de Pibrac,* in-12, 208 pages. S'il est permis de déchirer le voile de l'anonyme, je dirai qu'il appartient au R. P. Comire, de la Compagnie de Jésus. Il connaissait les travaux de ses prédécesseurs ; il en fait un résumé dans sa préface, rendant justice à chaque mérite, avec une bienveillance qui l'honore. Il a mentionné en particulier Louis Veuillot et Salvan, qui demeurent les deux maîtres historiens de sainte Germaine. Sa modestie pouvait lui faire accroire qu'après eux il ne restait plus rien à dire : un peu de découragement devait s'en suivre. Mais outre que les deux écrivains cités se sont arrêtés à la béatification, et qu'il fallait continuer la vie posthume de la Bergère jusqu'à la canonisation en 1867 et jusqu'à nos jours, le P. Comire a su intéresser par un peu de nouveauté. Il ne devait pas écarter les matériaux de la tradition, qui sont à tout le monde : il a su y ajouter. C'est ainsi qu'il consacre la troisième partie au village de Pibrac, avec des détails topographiques en abondance, appuyés sur la carte de l'état-major. On y trouve sur l'église, au point de vue architectonique et liturgique, sur la commune, sur le château, sur les seigneurs de Pibrac avant l'arrivée de la famille des du Faur, et sur les du Faur eux-mêmes, des renseignements qui complètent Salvan. Le P. Comire a utilisé ici les recherches du comte de Pibrac, le restaurateur du château, qui a ramené sa race à son berceau, en choisissant sa sépulture à côté de ses pères. La brochure du comte de Pibrac a pour titre : *Pibrac : Histoire de l'église, du village, du château*, 1882 ; Privat. Elle est extraite des *Mémoires de l'Académie des Inscriptions et Belles-Lettres de Toulouse*. On la consultera avec fruit.

Un autre mérite du travail du P. Comire consiste dans une riche collection de neuvaines, prières et pratiques, qu'on peut appeler la liturgie privée de sainte Germaine. On lui saura gré en particulier de nous avoir fait connaître *les Litanies* de la Sainte, véritable collier de perles, composées par le P. Corail en 1854, et une hymne latine « d'une plume aussi habile que pieuse, » et qui, pour n'être pas liturgique, n'en reste pas moins la plus latine de toutes celles qui ont été composées sur le même sujet. Le volume est orné de dessins très délicats. C'est la pierre que le vénérable religieux apporte à la Basilique de Pibrac, qu'il a le droit d'aimer plus que personne.

Une mention très honorable est due à l'*Imitation de sainte Germaine*, par M. l'abbé G. Rouquette; au *Manuel de la dévotion à sainte Germaine*, par le P. Pradel, de l'Ordre de Saint-Dominique, et au petit livre intitulé : *Sainte Germaine, modèle des habitants de la campagne*, par M. l'abbé Montplaisir.

On ne saurait énumérer ici toutes les brochures de propagande qui se sont multipliées autour de notre Bergère glorifiée; le catalogue en est infini et difficile à dresser. C'est la jonchée des sentiments pieux que les âmes ont répandue sur ses pas : témoignages touchants de reconnaissance et d'amour, et les preuves éclatantes de sa popularité.

C'est l'Église qui s'est réservée d'écrire l'histoire des saints; c'est elle qui les engendre : c'est à elle de les immortaliser. C'est pourquoi elle garde leurs noms dans les sacrés diptyques, comme elle garde leurs ossements dans ses reliquaires. Si leurs ossements peuvent périr, leurs noms sont ineffaçables. L'histoire de sainte Germaine est dans les *Actes* de sa canonisation, véritables archives, où sont consignés les témoignages de la terre et du ciel. Germaine est dans la liturgie romaine, qui raconte sa vie, qui affirme ses miracles, et chante ses vertus sous la voûte des temples. Qui étouffera cette voix où tant de voix se mêlent? Ainsi, le nom de Germaine arrivera jusqu'aux générations les plus reculées. Si nous n'avons pas le droit d'aspirer à tant de gloire, puissions-nous, en marchant sur ses traces, mériter d'être inscrits au rang des élus dans le saint paradis. « Heureux ceux dont le nom est gravé au Livre de vie. »

Iconographie de sainte Germaine.

Faites, Seigneur, que nous imitions les vertus et que nous ressentions la protection des Saints dont nous honorent les images.

(*Oraison de la messe de saint Jean Damascène.*)

L'ÉLOQUENCE et l'histoire, en célébrant la gloire de sainte Germaine, ont provoqué tous les arts du dessin, jaloux de l'exalter à leur manière, par les formes plastiques, plus saisissantes pour les foules, parce qu'elles parlent aux sens. Aucun n'est resté en dehors de ce concert.

Salvan est le premier qui ait ébauché l'iconographie de notre Bergère : ses goûts et ses aptitudes lui permettaient de le faire avec succès. En fouillant les bibliothèques, en bouquinant à travers les *rossignols*, chez les marchands de bric-à-brac littéraires, le long des quais, il découvrit quatre gravures anciennes, disposées en un seul tableau, qui représentaient quatre scènes de l'histoire de la Bienheureuse : L'*Angelus* dans le ruisseau, quand elle s'agenouille au son de la cloche; — *Le Miracle des fleurs*, avec sept personnages; — *L'Invention de son corps*; — *Son apparition à la dame de Beauregard*. Ces gravures, rééditées en 1804, ont servi de modèle aux tableaux exposés à Saint-Pierre de Rome, pour les fêtes de la béatification [1].

Cette simple date indique que ces gravures sont anciennes. Elles correspondent bien à ce que l'histoire nous apprend des commencements de la célébrité de Germaine, sur son Invention, ses apparitions miraculeuses, et le mouvement des peuples qui déjà s'établissait vers son tombeau. L'art suit les développements de sa gloire. Il a son aurore : alors ses procédés sont simples : l'imagerie à un sou les résume. O touchante naïveté de nos ancêtres! A mesure que le nom de Germaine se répand et brille d'un plus vif éclat, tandis que les miracles se multiplient, l'art fait plus de frais pour se mettre au niveau de l'héroïne.

L'époque de la béatification assista à un développement de l'iconographie de Germaine. Salvan énumère le tableau de Mlle de Lasplane, de Colomiers; la gravure de Ridden, assez semblable au précédent; la gravure de Sublot, dont l'*Univers* fit la critique sous la signature de Barrier. Alors la statuaire fit ses débuts avec Soulacroux, de Lyon.

[1] *Histoire de la B. Germaine*, ch. XXXI, p. 244.

Les statuettes polonaises du comte Sosmowiskia, et celle d'une dame dont on ignore le nom, portèrent la gloire naissante de Germaine sur les bords de la Vistule. Langlois traita *Le Miracle des fleurs*, qui fut offert au Saint-Père.

Mais l'œuvre capitale de cette période, c'est le tableau du P. Besson, dominicain, peint à Rome et gravé à Paris. L'original est à Pibrac, à l'autel de la chapelle de la Sainte : chacun a pu en goûter doucement le charme pieux. Le paysage, sans être un chef-d'œuvre de perspective, est correctement dessiné, avec l'église au sommet de la colline, le château sur un plan inférieur, et une échappée de vue à travers quelques arbres. L'intérêt est concentré tout entier dans la Bergère elle-même. Elle est à genoux dans la prairie, les yeux tournés vers le ciel avec tranquillité, les bras médiocrement étendus : l'attitude est recueillie, presque extatique. On aime son costume, simple, modeste, rustique et à peine idéalisé : les accessoires conviennent aussi au sujet. La vérité anatomique n'est pas rendue à la perfection ; le muscle ne palpite pas sous la draperie ; les bras étriqués manquent de mouvement et de vie ; la main droite est cassée et semble morte : c'est peut-être la main malade ; alors le défaut serait un effet de l'art. Mais le visage vaut à lui seul tout le tableau. Quelle onction répandue sur ses traits ! Quelle douce mélancolie mêlée à une résignation céleste ! Quelle simplicité humble, qui rappelle l'enfant !

Plastiquement, la Bergère n'est ni malade, ni belle : un rayon de grâce sur son ovale de petite paysanne, voilà tout. C'est une tête de Cimabué ou de Giotto, de l'école d'Ombrie, cette fleur qui poussa sur le tombeau de saint François.

Les modernes nous ont déshabitués de ce genre; l'art est devenu prétentieux et a cessé d'être mystique. Mais aucune habileté de main, aucune science du modelé et du clair-obscur ne saurait suppléer l'expression céleste, que l'on cherche chez les saints, et qu'on n'y trouve plus. Nos maîtres ont besoin de croire avant de peindre; ainsi ils s'élèveront jusqu'à l'idéal chrétien, que la Renaissance a perdu, et que le réalisme, loin de l'atteindre, ne poursuit même pas. Il n'y a pas jusqu'aux agneaux groupés autour de Germaine, dans la toile du P. Besson, qui ne participent à son état surnaturel. Leurs têtes sont dressées : ils regardent la Bergère et semblent faire avec elle la prière du soir. Quand vous étudierez une œuvre, allez à la tête : l'œuvre est là tout entière.

L'iconographie de Salvan s'arrête à l'année 1864. Depuis ce temps, l'art s'est exercé sur cet aimable modèle, à mesure que la popularité de sainte Germaine augmentait. La peinture a produit des œuvres remarquables, parmi lesquelles quelques-unes sont classées.

Jean-Paul Laurens est l'auteur de l'Apothéose qu'on voit dans la chapelle extérieure de l'église de Pibrac, dans le tympan de la porte qui ouvre sur la châsse de la Sainte. C'est une fille corpulente, qui crève dans son corset, avec des bras démesurément longs, et qui s'efforce de monter vers le ciel. Comme l'artiste n'a pas mis des anges dans sa composition, pour lui faire un pavois avec leurs ailes, les nuages qui l'enveloppent la portent très péniblement. Jean-Paul Laurens était alors un simple débutant à la suite d'un peintre décorateur; depuis, il a conquis la renommée par des travaux justement appréciés. Si jamais il fait un pèlerinage à Pibrac, il pourra mesurer le chemin parcouru depuis cette esquisse jusqu'aux *Emmurés de Carcassonne*, à *La Voûte d'acier*, et au *Siège de Toulouse par les Croisés*, qui va bientôt décorer la Salle des Illustres au Capitole. Les grands maîtres peuvent supporter une critique; l'étude des progrès de leur talent et de leur gloire n'est pas sans quelque charme. L'Apothéose de Pibrac est destinée à disparaître avec la construction de la nouvelle Basilique. Peut-être que Jean-Paul Laurens ne le regrettera pas. Pour s'en consoler, il nous donnera l'Apothéose de sainte Germaine seconde manière.

La paroisse de Sapiac, à Montauban, possède un tableau d'Ingres, que tous les amateurs ont admiré. Ingres est le peintre classique, l'homme du dessin et de la pureté de la ligne poussée jusqu'à la perfection. L'auteur du *Vœu de Louis XIII*, de *La Source*, de *L'Apothéose d'Homère* et de bien d'autres œuvres, a mis toutes ses qualités dans sa *Sainte Germaine.* La Bergère est debout, les pieds nus, vêtue avec une simplicité pittoresque, radieuse, souriante; elle touche à peine à terre, tant elle est légère, spiritualisée et comme soulevée par l'inspiration. C'est sans doute une extase dans la prairie, au milieu de ses agneaux, tandis que sa houlette, ses fuseaux, mêlés aux fleurs, sont jetés çà et là sur l'herbe verdoyante. Ainsi interprétée, la Bergère, qui semble d'abord trop idéalisée, est vraie. C'est un ex-voto exécuté par le grand artiste, à la suite de la guérison de son neveu, obtenue par l'intercession de sainte Germaine. Ici la foi et la reconnaissance s'ajoutent au talent et ne le gâtent pas.

Mais l'œuvre la plus considérable sur ce même sujet appartient à M. Benezet. Elle est dans une chapelle du collatéral méridional de la métropole Saint-Etienne. L'auteur avait déjà sa place dans l'histoire de l'art contemporain à Toulouse. On lui doit les belles fresques de Notre-Dame du Taur, de la Daurade, de Saint-Sernin, du Caousou, et celles de Saint-Nicolas, encore inachevées; sans parler de ses toiles de chevalet et des plafonds profanes, où son pinceau a obtenu tant de succès. A Saint-Etienne, il a distribué sa composition en cinq panneaux : la vie de la Sainte se déroule autour de l'abside en tableaux ravissants, que chacun sait par cœur. A droite, *Le Passage du Courbet* et *Le Miracle des fleurs;* à gauche, *Le Catéchisme* et *La Mort;* au centre, *L'Apothéose* dans un cadre plus large de moitié que les autres. Tous les panneaux sont des scènes, *Le Passage du Courbet* excepté, avec des personnages humains ou des anges, en nombre inégal. On peut préférer un panneau à un autre, *L'Apothéose* et *La Mort* par exemple, où le maître a condensé tous ses moyens, comme les orateurs les réservent pour leurs péroraisons. L'ensemble s'impose à l'estime de tous les connaisseurs; il suffit à la renommée d'un homme qui n'a pas dit son dernier mot. Son père a écrit la vie de sainte Germaine; lui l'a peinte. Tous les deux ont bien mérité de la religion, de l'art et de la patrie toulousaine.

L'œuvre capitale de sculpture est la statue de M. Falguière. Il l'a traitée dans toute la maturité de l'âge et du talent, après avoir semé à Paris et en province des travaux qui ont fait sa réputation et lui ont ouvert les portes de l'Institut. Il est Toulousain; enfant, il avait chanté les cantiques de la Bergère : ce souvenir dut inspirer son puissant ciseau. Tous les sujets historiques avaient été déjà traités; il pouvait les aborder sans imiter ses précurseurs, car les grands maîtres triomphent des lieux communs par leur originalité. Il préféra un sujet mystique : l'apothéose.

Au lendemain de la canonisation, quand les portes du ciel s'étaient ouvertes, aux applaudissements des foules ivres d'amour, le sujet était bien choisi. Mais pour une place publique, peut-être était-il trop surnaturel, et aurait-il mieux convenu à l'intérieur recueilli d'une église. Le monument de Saint-Georges fut élevé en 1877. Ce fut une nouvelle manifestation de la piété de Toulouse envers sa Bergère. Les souscriptions abondantes obtenues dans toute la contrée prouvaient déjà éloquemment que l'opinion chrétienne se prononçait sur toute la ligne : l'enthousiasme qui accompagna la fête de l'inauguration acheva de le démontrer. Toulouse honora Germaine devenue l'ornement et la gardienne de la cité. On allait puiser l'eau qui s'épanchait des vasques en nappes limpides ; les bouquets et les couronnes couvraient les escaliers qui menaient à la plate-forme sur laquelle se dressait la sainte image.

Mais un vent d'impiété sortit des antres maçonniques ; et une nuit — qui est restée dans nos annales une date sinistre — les iconoclastes de la Révolution jetèrent à terre la sainte image au nom de la liberté ; le dais et le gracieux clocheton qui le surmontait furent renversés : il ne resta pas pierre sur pierre du beau monument dédié à la gloire de Germaine. La rage des sectaires était assouvie ; les jours mauvais étaient venus : ils durent encore.

Cependant la statue de Falguière ne périt pas : elle prit le chemin du Musée, et fut ensevelie dans le sous-sol, en attendant sa résurrection. Elle a quitté son tombeau pour aller orner la nouvelle église du faubourg Saint-Michel, placée sous le vocable de sainte Germaine. Là elle console les pauvres ouvriers, qui la consolent à leur tour des outrages immérités dont elle a été abreuvée par des tyrans impies et sauvages. Toulouse lui reste toujours fidèle.

On a signalé ici les œuvres principales de peinture et de sculpture que l'art a dédiées à sainte Germaine. En détail, les tableaux et les statues sont innombrables. On ne compte pas les verrières, qui chantent ses vertus et ses miracles dans les villes et dans les campagnes. Il faut ranger parmi les meilleures celles de Noël Lavergne, dans la chapelle de Saint-Sernin de Toulouse, où l'on voit une Apothéose dessinée à la voûte, et qu'on pourrait intituler : *Sainte Germaine aux Anges*, tant les ailes d'ange qui se croisent sous ses pieds sont nombreuses et brillantes. Les toiles qui représentent *Le Miracle des fleurs, Le Passage du Courbet, La Prière au pied de la Croix* sont partout. Les statues ne se comptent pas en pays toulousain et à l'étranger. Les pèlerins qui revenaient de Rome en 1867, après les fêtes de la canonisation, admirèrent la statue de sainte Germaine, en beau marbre d'Italie, sur les terrasses du Dôme de Milan, au milieu des trois mille statues qui ornent à l'extérieur cette incomparable Basilique. L'émotion des Toulousains, témoins de l'honneur rendu par l'art et par la foi des peuples à leur sainte compatriote, se devine.

A Pibrac, les statues du *Miracle des fleurs* et de *La Prière au pied de la Croix*, en beau marbre de Carrare, ornent les pilastres de la baie de la chapelle de la Sainte. La première est assez bien fouillée, et serait remarquable, si l'expression de l'attitude n'était pas trop royale, et si l'ovale du visage était un peu moins grec pour être plus vraisemblable. Les deux panneaux en bois de la porte de la châsse à l'extérieur sont ornés de deux bas-reliefs, avec attributs, qui ne sont pas à dédaigner.

La gravure, qui est un art, la photographie, qui travaille à le devenir, la lithographie et le simple estampage ont vulgarisé l'humble Bergère et achevé sa popularité. Il n'y a pas de chaumière, en pays toulousain et dans les contrées environnantes, qui n'ait la douce image encadrée entre quatre liteaux, ou suspendue à la muraille sans autre ornement, devant laquelle l'enfant s'arrête pour dire son nom, la jeune fille pour y chercher un idéal de vertu, la mère pour prier, la veuve pour pleurer, tous pour se résigner aux rigueurs de la destinée.

Bien longtemps sous le chaume
De ta gloire on parlera.

L'architecture, qui est le premier des arts, et dont tous les autres sont tributaires, est celui qui a le plus à faire pour se mettre au niveau de la peinture et de la sculpture. Les chapelles dédiées à sainte Germaine dans les églises ne se comptent pas. Des chapelles indépendantes sont nombreuses encore à la ville et aux champs. Des églises placées sous ce vocable sont rares. Le diocèse de Toulouse n'en possède que deux. Mais l'architecture se recueille ; elle prépare dans le silence la Basilique de Pibrac, que les âmes attendent avec une impatience de bonne augure. Quand la Basilique sera bâtie sur la colline, alors tous les arts viendront l'un après l'autre offrir leurs inventions, qui s'harmoniseront dans une belle synthèse, et chanteront à l'unisson une hymne à la gloire de sainte Germaine. Puisse ce jour n'être pas trop éloigné.

Lyre de sainte Germaine.

> Louez-la en chœur, au bruit des tambourins, des instruments à corde et de l'organon.
>
> (*Psaume* 150.)

La poésie et la musique sont sœurs; les sons articulés ou notés sont leur matière; la mesure règle leurs mouvements. La Poésie détermine la musique, toujours vague dans son expression; la musique met des ailes aux pieds de la poésie, et la fait voler plus haut. La poésie et la musique ont mêlé leurs accents pour célébrer sainte Germaine.

Parmi toutes les compositions qu'on a produites, on a mis dans un Recueil vingt-quatre pièces de poésie avec accompagnement de musique, qui forment ensemble la Lyre de sainte Germaine.

La poésie est en deux langues, le patois et le français. Le patois ne pouvait pas se taire : c'est la langue du crû, la langue de Germaine; car c'est en patois qu'elle s'adressait à ses agneaux et à son chien; en patois qu'elle faisait le catéchisme sous l'ormeau du chemin ; en patois qu'elle priait et qu'elle chantait, si elle chantait, la pauvrette, ailleurs qu'à l'église. La langue de Malherbe était connue à Toulouse : on la parlait au Palais, aux Jeux-Floraux et ailleurs : les pâtres de Pibrac en faisaient-ils usage ?

Le patois a fourni trois pièces de poésie, les plus remarquables du Recueil : disons-le au hasard de blesser les auteurs des poésies françaises, car les poètes ont le cœur sensible. Pour ce double motif, elles sont devenues très vite populaires.

La première pièce porte la signature de M. l'abbé Viguier :

Poplés chrestias del païs de Toulouso,
Assemblats-bous, et qu'un cant soulannel
Digo l'esclat dé la Bergero hurouso,
Qué sas bertuts fan reyno din lé cél.
Humblo Bergero,
A toun secours,
A ta priéro,
Toutis aben recours.

Cette pièce est délicieuse d'un bout à l'autre ; elle est pleine d'une douce mélancolie : l'émotion y circule. Le vers est réussi, quelquefois bien frappé, avec des hémistiches qui s'impriment dans l'âme. Le patois est très naïf, abondant en diminutifs d'une grande tendresse, qui conviennent au sujet, à la Bergère, à ses agneaux. Beaucoup de couleur locale.

La seconde pièce est de Charles Vert et lui fait

grand honneur. Chaque strophe, composée de quatre vers, se divise en deux parties de deux vers. Dans la première, le récitatif exprime une douleur de Germaine. La seconde est la réponse de Germaine, qui puise sa consolation dans les douleurs de Jésus-Christ, son céleste Époux. L'idée est heureuse, le dialogue est pieux et pathétique jusqu'aux larmes, par la profondeur du sentiment chrétien et le charme des expressions.

Pés prats, pel bosc, atal t'en bas souleto,
Petito Pastro, et sans cap de fraïou.
— On n'es pas soul amé soun angeléto;
É qué crendrio, quant Dïous beillo sur iou ?

Très chantant, très chanté ce cantique depuis la béatification. Il a conservé sa fraîcheur et sa vogue.

Mengaud a composé la troisième poésie patoise. Mengaud est une gloire locale, un génie très garonnais, spirituel, alerte, joyeux : c'est l'auteur de *la Toulousaino*, qu'on ne se lasse pas d'entendre, à Paris comme en province. On inaugurait naguère son buste, qui orne maintenant notre Boulingrin, avec un éclat que l'opinion ne lui a pas marchandé, tant il était mérité. Chose étrange! ces honneurs lui ont été décernés par les déboulonneurs de la statue de la place Saint-Georges. Ils ignoraient sans doute que le poète avait chanté la Bergère : bien lui en a valu. Voilà pourquoi sans doute sur les pans du cippe qui le porte on a gravé les titres de ses poésies les plus célèbres : *La Toulousaino — La Lengo moundino — Las Aoucos del Toumas de Founsogribos — Rosos et Pimpanelos — Le Poutou.* On y cherche en vain *Bel Languédoc.* Puisqu'il est en possession de son bronze, il n'y a pas d'inconvénient à le dénoncer comme l'auteur de la pièce la mieux réussie de notre Recueil.

Son patois est vraiment patois, sans mélange de modernisme, original, pittoresque, plein de saveur. On y trouve l'accent de la foi, la note émue : la corde du patriotisme y vibre : aussi il est enlevant. Il faudrait tout citer.

Germaine est canonisée, elle est arrivée à l'apogée de sa gloire. On le devine au lyrisme de la première strophe :

Bel Languédoc, bel païs de Toulouso,
Courouno té d'encens et may de flous.
Lanço pel cel ta boux melodiouso ;
Aoucy nous cal de sublimos cansous.

La pièce se continue en grands alexandrins, pleins, sonores, sans chevilles, et d'un rhytme superbe.

Combien touchante est la strophe de la Quenouille !

Payssets touchoun, agnels, altour de la Quenouillo,
Et de bous approutcha lé loup nou gaousara.
Sé lé temps s'entrumis, sé lé soulel se brouillo,
Lé trouneyré sur bous jamais nou toumbara.

La charité de Germaine n'est pas célébré en vers moins émouvants :

Dés paourés de tout temps fousquec la Proubidenso,
Pes elis cado joun pregabo à genouillous;
Soun cor à la doulou pourtabo l'esperenço;
Car proutejabo tout, dinquos les aouselous.

Le miracle des fleurs a épuisé sa verve. Des trois strophes qu'il lui consacre, toutes ravissantes, voici la dernière :

Qué portos ? mostros-oc, ou te roumpi les ossés.
— Moun Dious, pietat, pietat! Ma tanto, calmats-bous.
— Portos de pa beleou ? les taillous lés pu grossés ?
— Tenetz, bejeats ço qu'es..... ò miraclés! des flous.

Et la prière finale ? Nous la récitons tous avec le poète, mais en pleurant :

Tabés es Santo aouey. Sios may qué Bienhurouso,
Et toun esprit sé melo à la dibinitat.
Ah! prego per nousaous, pel païs de Toulouso,
Car el t'a bisto nayssé; es soun lay qu'as poupat.

Bel Languedoc sera toujours demandé autant que *la Toulousaino* : ces deux pièces assurent la renommée du poète. Aussi longtemps que les foules chanteront la sainte Bergère, Mengaud sera dans toutes les mémoires « et sas sublimos cansous » sur toutes les lèvres.

Les pièces françaises du Recueil sont nombreuses; les unes sont anonymes; d'autres portent des signatures qui les recommandent. Quelques auteurs ont composé paroles et musique ; à ce titre, ils avaient le droit, non pas de négliger la poésie, mais de se réserver pour la musique, dont la beauté n'a pas besoin d'être relevée par la poésie. Dans ces conditions, il est convenu que la poésie passe toujours, même quand elle n'est que de la prose mesurée. Cependant plusieurs ne sont pas sans mérite, malgré de nombreuses chevilles et autres sacrifices faits à la rime.

L'abbé Viguier a traduit en français sa pièce patoise avec assez de bonheur, quoiqu'on préfère l'original à la traduction. Le cantique de Charles Vert : *Cité des Saints*, le plus ancien peut-être, se laisse toujours lire. Les hymnes d'Aloïs Kunc, sans valoir sa musique, sont d'une littérature assez correcte. *A toi, Sainte Bergère*, de M. l'abbé Larrieu, contient des pensées concentrées, des vers vigoureux, quelquefois bien frappés, et des antithèses heureuses :

Oh ! qu'il fait bon te voir ! ton obscure carrière
De nos rêves brillants nous enseigne l'écueil.
Si grande au paradis, si petite sur terre !
Quelle leçon pour notre orgueil !

Oh ! qu'il fait bon te voir ! à l'église lointaine
Tu vas prier ..... Qui donc arrêterait ta foi ?
Ton troupeau ? Ta houlette à sa place l'enchaîne.
Les flots ? Ils s'ouvrent sous tes pas.

Sans détailler ici tous les mérites, signalons le groupe des légendes. C'est d'abord la Légende Litanie, du R. P. Comire, qui a rimé la vie de la

Bergère, en terminant chaque strophe par ce vers : « Germaine, priez pour nous. » Cette forme est très particulière et ne manque pas de charme. Le cantique de l'abbé Bascans, qui s'ouvre sur un ton dithyrambique, s'achève en légende, avec la simplicité naïve du genre. Mais la vraie légende est celle qu'on a trouvée à Pibrac, et que les éditeurs du Recueil n'ont pas dédaigné d'insérer. C'est une complainte, comme on en chante à la foire, devant le tableau où *la merveille* est représentée : même style, même cadence dans la coupe du vers :

Écoutez, petits et grands,
Une merveilleuse histoire,
Et jusqu'à la fin des temps
Conservez à la mémoire.
Voici près de trois cents ans
— A la légende il faut croire —
Que dans Pibrac un beau matin
Naquit Germaine Cousin.

Évidemment la pièce est moderne : la langue seule le dirait, si la date n'y était pas. Ce pastiche d'après l'antique est réussi.

D'après les hommes de métier, dont je ne suis ici que l'humble interprète, la musique du Recueil est à la hauteur de la poésie patoise ; le plus souvent elle est supérieure à la poésie française. Dans ces compositions on rencontre des noms connus et justement estimés dans notre pays. Deffès tient la tête avec sa *Toulousaine*, sa *Messe*, sa *cantate à Clémence Isaure*, et autres productions dignes d'un premier prix de Rome. Aloïs Kunc, de regrettée mémoire, le fondateur de la *Musica sacra*, un maître connu ailleurs qu'à Toulouse, a noté ses propres poésies. C'est l'hymne qui domine dans son œuvre : le simple récitatif, et de pieuses invocations sont le fond de quelques autres pièces. Massis et Leybach sont des organistes classés. Le P. Comire s'est fait une place dans l'art toulousain. Pibrac devait fournir des musiciens à sa Bergère. J'ai nommé le premier: M. Combes est le second, le premier par la date : simple bénéfice d'âge. L'abbé Estellé a enrichi le Recueil de six compositions musicales. Il a l'honneur d'avoir noté Mengaud en se tenant à sa hauteur : ainsi il a partagé sa popularité. Même bonne fortune pour le cantique patois de Charles Vert. L'air de *la Légende* de Pibrac lui appartient : on convient qu'il est bien adapté, peut-être même imité de l'antique. Redier de La Villate, le F. Léonce, l'auteur de la cantate du B. de La Salle, M. Contensou, maître de chapelle de la cathédrale de Montauban, ont payé avec talent leur tribut à sainte Germaine. M. l'abbé Larrieu, curé de Saint-Aubin de Toulouse, qui avait si bien rimé en son honneur, n'a pas laissé à d'autres le soin d'accompagner sa poésie. L'auteur de la *Bannière*, le chantre de nos Madones, n'a eu qu'à être lui-même.

A la dernière heure, nous recevons un cantique-légende, intitulé : *La Quenouille de sainte*

Germaine, paroles et musique. Les paroles sont d'un aimable anonyme, que nous remercions sans le connaître. La conception est charmante. Pendant sa vie, sainte Germaine défend ses agneaux de la dent des loups en plantant sa quenouille en terre. En montant au ciel, elle sème sa quenouille, qui devint une fleur; et la quenouille fleurie continua à garder les agneaux dans Bouconne.

Quand notre sainte Bergerette,
Allait au bois de grand matin,
Elle emportait sa quenouillette
Et filait le long du chemin.

. . . .

Chaque jour la cloche lointaine
Lui jetait un vibrant appel,
Qui semblait dire : Viens, Germaine,
Ton Dieu s'immole sur l'autel.

Plantant sa quenouillette en terre,
Elle s'en allait à grands pas,
Dès ce moment de la clairière
Les méchants loups n'approchent pas.

. . . .

Quand elle eut quitté sa chaumière
Pour régner dans le paradis,
Germaine, la douce bergère,
Veilla toujours sur ses brebis.

C'est l'histoire de la première quenouille. Voici celle de la seconde, plus gracieuse encore, qui est le fond et la caractéristique du cantique-légende :

Pour prier elle s'agenouille ;
Le lendemain on vit surgir
Des fleurs en forme de quenouille ;
Dieu répondait à son désir.

Frappés d'une terreur soudaine,
Les loups crurent tout leur grand bois
Plein des quenouilles de Germaine,
Et fuirent loin tous à la fois.

Cette fleur, c'était l'asphodèle :
A Bouconne depuis le temps,
Sur sa tige élégante et frêle
Elle fleurit chaque printemps.

On aime la dernière strophe, qui dégage une idée de la légende, et fait de son symbolisme une belle application, avec une émotion pieuse qui se communique :

Comme les fleurs du bois sauvage,
O légendes des temps lointains,
Vous fleurirez sur le rivage
Où d'amour vécurent les saints.

La musique est de M. l'abbé Nouguès, un compositeur déjà connu, qui a mérité par ses talents de recueillir la succession d'Aloïs Kunc, à la métropole de Toulouse. Sa modestie cache avec soin les encouragements qu'il a reçus de Gounod, le maëstro inspiré. Quatre lignes du chantre de *Gallia*, de *Rédemption* et de *Faust* sont un diplôme d'honneur. Une heureuse indiscrétion nous permet de trahir ici ce secret.

Maintenant si l'on considère l'ensemble de toute cette musique de la poésie et du solfège, on y remarque une grande variété de tons. Sur un motif commun, qui est la vie de sainte Germaine, chaque auteur a greffé son propre génie. La pastorale domine dans ces compositions ; pouvait-il en être autrement quand on célèbre une bergère? La mélancolie pieuse sert de refrain à la plupart des strophes, car la douleur est la caractéristique de son histoire. Mais parce que Dieu console ceux qui pleurent et qu'il exalte les humbles de ce monde, l'hymne triomphale y retentit avec des accents d'une sonorité profonde : la béatification, la canonisation, l'inauguration des statues en sont l'occasion naturelle. Bientôt la scène s'élargit : c'est Rome qui parle ; c'est la France qui lui répond par ses allégresses. Poètes et musiciens exaltent l'Église ; ils adressent à Pie IX, le pontife immortel, des apostrophes de respect et d'amour. Leur patriotisme s'enflamme en voyant la Bergère étendre sa houlette sur Toulouse et sur le pays qui l'environne, comme autrefois elle la levait sur son troupeau. La prière est toujours la note finale ; elle s'élève vers le ciel, où la Bergère règne au milieu des anges ; elle dit, elle dit encore, sans se lasser : ô Germaine, veille sur nous.

C'est ainsi que les arts glorifient Germaine, l'humble fille des champs. Louis Veuillot est son historien ; Falguière sculpte sa statue ; Ingres, Benezet confient à la toile ses traits et ses douleurs; Mengaud est son poète; Deffès, Massis, Aloïs Kunc jouent de la lyre à ses pieds. C'est l'écho de la terre aux sérénades du ciel.

La Basilique de Pibrac.

Nous viendrons l'honorer sur le sol qui garde l'empreinte de ses pieds.
(*Psaume* 131.)

L'idée d'ériger une basilique en l'honneur de sainte Germaine a semblé un peu tardive à plus d'un. Si elle avait germé dans les esprits en 1854, date de la béatification, et tout au moins en 1867, date de la canonisation, cette idée serait aujourd'hui un fait accompli. Mais en ce temps-là le mouvement de restauration ou de construction de nos édifices religieux était moins accentué. A Pibrac on aimait la vieille église campagnarde, où sainte Germaine avait été baptisée, où elle avait fait la première communion, où chaque matin elle entendait la messe avec une piété si touchante, où après sa mort elle avait été pieusement ensevelie — comme si elle ne pouvait pas se séparer de la maison de Dieu — où elle avait goûté les seules joies de sa vie douloureuse. Cette église était passée, dans l'imagination des âmes tendres ou poétiques, à l'état de relique, avec la modestie de ses proportions et la pauvreté de ses murailles, qui présentaient une certaine harmonie avec les destinées de l'humble Bergère. D'ailleurs les souvenirs ont tant de charme et tant de puissance, surtout les souvenirs des saints! Mais après un demi-siècle bientôt écoulé, tout est changé. La popularité de sainte Germaine s'est développée; une ligne de chemin de fer passe au pied du coteau du village; les pèlerins profitent des progrès de l'industrie pour satisfaire leur dévotion envers la Bergère, et arrivent plus nombreux autour de son tombeau. Les outrages que les Loges maçonniques ont infligé au monument que Toulouse lui avait élevé n'ont pas peu contribué à augmenter un concours déjà considérable. Une Basilique devenait nécessaire.

Pour répondre aux aspirations des âmes et aux besoins nouveaux, le cardinal Desprez adressa à ses diocésains la circulaire du 15 avril 1894, par laquelle il ouvrait une souscription pour la Basilique projetée de Pibrac. La circulaire fut promulguée le 6 mai; et l'année ne s'achevait pas sans donner des résultats heureux, parce qu'ils faisaient concevoir de grandes espérances. En effet, quand on compta les mises en chiffres, on n'était pas très loin de 2,000. Quand on essaya de dénombrer les personnes, on fut dans l'embarras; car à côté des particuliers, il y avait les personnes collectives, les familles, les paroisses, les écoles, les communautés religieuses, les séminaires, les congrégations de jeunes filles, etc. On ne crut pas exagérer en multipliant par 10 les mises en chiffres pour avoir le nombre des souscripteurs : on restait plutôt en deça de la vérité. Depuis cette époque, une année et demie s'est écoulée; et malgré les conditions économiques du pays, qui sont lamentables, l'œuvre s'est développée en progression géométrique. Nous marchons.

Dès la première heure, nous indiquâmes quel devait être le caractère de la souscription ouverte. Nous écrivions alors et nous répétons aujourd'hui : Nous voulons que la Basilique de Pibrac soit édifiée avec le sou de tout le monde. Nous demandons le sou des enfants des écoles pour celle qui autrefois les catéchisait sous le chêne du village; le sou des malades pour la thaumaturge qui fut heureuse de souffrir ici-bas, heureuse maintenant de guérir ceux qui souffrent; le sou des jeunes filles dont elle fut le modèle, dont elle reste la patronne; le sou des habitants des campagnes, car elle fut « la fleur des champs et le lys des vallées; » le sou des ouvriers des villes, car elle fut ouvrière elle aussi, vouée à un travail moins bien récompensé qu'aujourd'hui; le sou du peuple, dont elle fut la fille, dont elle est maintenant l'orgueil; le sou des riches, qui sont ses obligés comme les autres; le sou des croyants, même le sou des incroyants, de ceux qui pavoisaient leurs maisons et illuminaient leurs fenêtres en 1854 et en 1867, en disant à ceux qui souriaient qu'ils célébraient la fête de la pauvreté glorifiée. Les grains de sable font les montagnes, les gouttes d'eau la mer; les sous deviennent des temples; en se superposant, ils édifieront la Basilique de sainte Germaine.

Ce vœu a été exaucé : la souscription est restée populaire. La géographie des listes prouve que toutes les parties du monde ont voulu contribuer à l'érection de la Basilique de Pibrac. L'Algérie, la Tunisie, l'Inde, l'Amérique, la Belgique y sont représentées. La France du Nord imite la France du Midi. La Lorraine, toujours chrétienne et française quant même, ne veut pas se séparer de la mère-patrie.

Ce caractère d'universalité n'est pas moins frappant si on étudie les âges, les sexes et la condition sociale des souscripteurs. Le clergé est au premier rang : c'était son droit. On voit défiler les savants de nos Facultés et le soldat d'Afrique avec ses galons. L'ouvrier y coudoie l'humble servante, grande par le cœur; le pâtre des montagnes y dépose son obole; le laboureur ne se laisse pas vaincre en générosité. Voici les écoles : en tête, les écoles primaires, où l'aimable jeunesse, sous l'inspiration des chers Frères et des bonnes Sœurs, jette le sou dans l'écuelle de la sainte Bergère et les couronnes du palmarès à ses pieds. Les mères ont répondu à l'appel en masse. « Le petit Paul » s'est échappé des bras de sa nourrice pour venir faire son offrande. Les bébés des asiles l'ont imité. Les orphelines des hôpitaux ont cédé à la contagion de l'exemple. Comment dire ces choses sans émotion ! Les pauvres sont plus admirables encore en mettant leur misère à contribution ; ils ont donné aux riches une leçon dont ceux-ci n'avaient pas besoin. Les anonymes sont en nombre, et non pas les moins généreux ; leur main droite ignore ce que leur main gauche a versé ; dans l'ombre qui les cache, ils n'ont voulu d'autre témoin que Dieu, d'autre récompense que le sourire de la douce Germaine.

Si l'on prête l'oreille, après avoir regardé et compté, des listes de la souscription il sort des voix qui forment la gamme des douleurs humaines mêlées aux sentiments les plus délicats : des actions de grâce pour des bienfaits reçus ; des supplications toujours tendres, quelquefois pathétiques, qui appellent au secours ; des confidences intimes dont le mystère ne se révèle pas ; des cris d'amour et d'enthousiasme ; « en souvenir d'une âme chère ; » pour obtenir « l'amour chrétien de la vie des champs ; » pour les pauvres trépassés. Le baccalauréat donne sa note dans les listes. La prière des candidats va de saint Jude à sainte Germaine, tous les deux secourables aux malheureux. Les listes discrètes ne disent pas ce qui est advenu. Combien qui leur doivent leur diplôme ! C'est le concert qui monte chaque jour vers la sainte Bergère, devenue la séduction des âmes pures et aimantes, le modèle de celles qui travaillent en souffrant, et, après Dieu, l'espérance de celles qui ont perdu ici-bas toute espérance.

Les Fleurs de sainte Germaine paraissent au milieu des frimas, sans attendre les tièdes haleines du printemps, tant elles sont impatientes, en couronnant son front, de fructifier pour sa Basilique. Une nouvelle année s'ajoute à celles qui ont vu commencer la pieuse entreprise. Ce que cette année nous réserve, c'est le secret de Dieu. Que par l'intercession de sainte Germaine, une des protectrices de la France, qui a un regard particulier pour le pays qui la vit naître et qui garde ses reliques, elle donne aux chrétiens si éprouvés la paix dans le respect de leurs droits; aux pasteurs d'âmes, la récompense de leur zèle; aux familles, la prospérité; aux mères, des consolations; aux enfants, la sagesse; aux jeunes filles, la dignité de la vertu; aux écoliers, l'application; aux ouvriers, le salaire suffisant; aux savants, la simplicité de la foi; aux soldats, la vaillance; aux malades, la santé; aux affligés, l'espérance; aux bergers, des agneaux blancs; aux laboureurs, des épis blonds; aux pauvres, le pain de chaque jour; aux pécheurs, la conversion. Mais surtout que cette troisième année soit bonne pour sainte Germaine comme les deux précédentes, et meilleure encore. Elle nous rapproche des fêtes de son centenaire, qui tombe en 1901. Ce sera une date lumineuse de plus dans son histoire, et prendra rang après 1854, qui vit le commencement de sa gloire, et 1867, qui en fut l'apogée. Nous assistâmes alors aux fêtes inoubliables de Rome et de Toulouse; 1901 réveillera toutes nos émotions par l'inauguration de sa Basilique. Ainsi, trois siècles n'auront pas effacé son nom de la mémoire des hommes, ni de l'affection des peuples, quand ces siècles auront renversé tant d'empires, balayé tant de grandeurs, détruit tant de fortunes, et étouffé dans le silence tant de renommées retentissantes. Que Dieu est admirable dans ses saints !

On peut dire que la Basilique de Pibrac est commencée; déjà on a donné les premiers coups de pioche jusqu'au ferme; les puits entr'ouverts seront bientôt comblés par les assises des fondations. Il y a un an, on annonçait un concours d'architectes pour le choix du plan de l'œuvre. Ce concours a eu lieu devant un jury parisien : le plan couronné est celui de M. Pierre Esquié. Ce nom est connu à Toulouse et ailleurs. Le père du jeune lauréat était l'ami de Viollet-Le-Duc et son représentant pour les travaux de restauration de Saint-Sernin; il est l'auteur de plusieurs églises, en particulier de la gracieuse église de Saint-Martin-du-Touch, qui est généralement admirée. M. Pierre Esquié marche sur ses traces; grand prix de Rome, il a pris rang, en pleine jeunesse, parmi nos artistes les plus distingués; sans doute qu'il donnera sa mesure à Pibrac.

On est heureux qu'un Toulousain mette sa signature à une œuvre si toulousaine.

On aurait souhaité donner ici un léger crayon de la future Basilique : d'excellentes raisons s'y opposaient. Alors chacun peut se livrer à la conjecture et donner un libre cours à ses préférences. Si la Basilique est romane, elle sera la fille de Saint-Sernin. Puisse-t-elle, comme un trop petit nombre d'églises du diocèse, emprunter beaucoup à sa mère! Si elle est gothique, ce sera du gothique de la Garonne, fait de briques, et que certains auteurs appellent du « roman pointu. » Mais ce sera le style de l'époque où vécut sainte Germaine. Si est elle Renaissance, ou simplement moderne, elle s'harmonisera avec le château des du Faur, ce bijou d'architecture qui quitte son deuil en restaurant ses tours, ses flèches et ses galeries historiques. Peut-être sera-t-elle du genre composite, recherché des artistes qui se lassent de copier. Les œuvres d'architecture religieuse que notre siècle lèguera à la postérité sont toutes classiques, sans génie, non pas sans talent. Les formules de l'art semblent épuisées; en dehors de ces formules, on n'a rien produit de beau. En littérature, le romantisme, malgré ses extravagances, laissera des monuments derrière lui; le romantisme dans l'art a échoué. Ce ne sont pas nos gares qui donneront le démenti à ce jugement.

Mais quel que soit le style de la Basilique de

Pibrac, dans ses nefs spacieuses, les pèlerins accourront avec un enthousiasme renouvelé. Il y aura, mieux qu'aujourd'hui, place pour tous, même pour ceux qui, en un jour de vandalisme impie, renversèrent la statue de notre Bergère, s'ils y viennent pour faire amende honorable, et solliciter des grâces qui seront les vengeances de la douce Germaine[1].

[1] Ces lignes étaient rédigées et déjà livrées à l'impression, quand nous avons reçu de l'obligeance de M. Pierre Esquié, le lauréat du concours de Paris pour l'œuvre de Pibrac, une lettre qui contient les renseignements qui suivent : 1° L'ensemble des constructions serait inspiré du style byzantin, en traitant les détails d'une façon plus moderne. Le gros d'œuvre en maçonnerie de blocage, avec revêtement en terre cuite ordinaire; si on emploie la brique émaillée pour les murs et pour la toiture, on aura « l'église blanche; » cette coloration donnerait à l'édifice « le caractère virginal, qui serait en rapport avec le sujet. » — 2° L'église, chapelles comprises, aura 60 mètres de long sur 33 de large. — 3° Le plan comprend un grand dôme principal, flanqué de quatre petits dômes, qui serviraient de clocher, avec une nef, des bas-côtés et quinze chapelles. Les bas-côtés sont aménagés pour une communication couverte avec un long portique extérieur et semi-circulaire, où les processions se dérouleraient à l'aise. Cet ensemble est complété par une place entourée d'abris pour les pèlerins. — 4° La façade se composera d'une grande arcade formant porche et sans rose. Au bas, trois portes couronnées d'une terrasse pour les bénédictions des grands jours. Le fond du mur serait décoré dans le bas par un revêtement de marbre; au-dessus, par l'apothéose de sainte Germaine en mosaïque, ou bas-relief en faïence polychromée.

Ceci est le rêve de l'artiste. Son exécution dépend de la commission, qui reste propriétaire du plan couronné, et surtout des souscripteurs. Cette simple esquisse fait déjà courir dans nos âmes un frisson d'impatience. Il nous tarde de voir les murs émaillés et les dômes étincelants de « l'église blanche » dédiée à la Vierge de Pibrac par l'amour de ses concitoyens.

TABLE DES MATIÈRES

www.ingramcontent.com/pod-product-compliance
Ingram Content Group UK Ltd.
Pitfield, Milton Keynes, MK11 3LW, UK
UKHW021150260726
13994UKWH00001B/370

9 782329 385990